清远市中小学生

践行社会主义核心价值观读本

SHEHUI ZHUYI HEXIN JIAZHIGUAN

清远市教育局◎编著

编委会主任	张玉兰		
编委会副主任	高常立	贾圣广	梁伟明
编　　委	刘耀坚	王振华	邓溯明
	陈劲松	肖光辉	陈伟全

主　　　编	李雄飞		
副 主 编	莫志科	徐惠	温伟标
编 写 人 员	邹锦花	陈红	罗伟青
	黄艺	黄秀珍	汤丽嫦
	刘志坚	李会英	林彩明

广东旅游出版社

GUANGDONG TRAVEL & TOURISM PRESS

中国·广州

图书在版编目（CIP）数据

清远市中小学生践行社会主义核心价值观读本：中学版 / 清远市教育局编
著．—广州：广东旅游出版社，2019.9
ISBN 978-7-5570-2005-7

Ⅰ．①清… Ⅱ．①清… Ⅲ．①社会主义建设—价值论—中国—中学—课外
读物 Ⅳ．①G621.2

中国版本图书馆CIP数据核字(2019)第174075号

清远市中小学生
践行社会主义核心价值观读本 中学版
QINGYUAN SHI ZHONGXIAOXUESHENG
JIANXING SHEHUI ZHUYI HEXIN JIAZHIGUAN DUBEN ZHONGXUE BAN

清远市教育局◎编著

出 版 人：刘志松		责任编辑：翟小侃　蔡　筠	
责任技编：冼志良		责任校对：李瑞苑	
装帧设计：南风视觉			

出版发行：广东旅游出版社

地　　址：广州市越秀区环市东路338号银政大厦西楼12楼

经　　销：全国新华书店

印　　刷：广州市尚铭印刷有限公司

地　　址：广州市白云区清湖村富贵二路11号

邮　　编：510440

电　　话：020-36749805

开　　本：787 mm×1092 mm　1/16

印　　张：4.75

字　　数：45千字

版　　次：2019年9月第1版

印　　次：2019年9月第1次印刷

定　　价：28.00元（全2册）

前言

　　党的十八大提出，倡导富强、民主、文明、和谐，倡导自由、平等、公正、法治，倡导爱国、敬业、诚信、友善，积极培育和践行社会主义核心价值观。我们倡导的社会主义核心价值观，是集社会主义的指导思想、理想信念、民族精神与时代精神、荣辱观为一体的思想文化体系。培养和践行社会主义核心价值观，既是国家治理的重要举措，又是迎接挑战的必然之举，关系到中国特色社会主义事业的成败。

　　社会主义核心价值观鲜明地回答了在新的历史条件下，我们党应该用什么样的精神旗帜团结带领全体人民开拓前进、中华民族应该以什么样的精神状态屹立于世界民族之林的重大问题。它为发展中国特色社会主义提供强大的精神动力和思想保证，体现了古圣先贤的思想，体现了仁人志士的夙愿，体现了革命先烈的理想，也寄托着各族人民对美好生活的向往。只要是中国人，就应该自觉培养和践行社会主义核心价值观。

本套书以中华优秀传统文化和发生在同学们身边的、具有鲜明时代特色的新鲜事例为出发点，以社会主义核心价值观为立足点，通过深入浅出的阐释、丰富多样的事例和多种形式的活动，让同学们了解社会主义核心价值观在生活中的各种体现，理解社会主义核心价值观的深刻内涵与时代意义，并能在学习和生活中自觉践行。读本主要以"例说"的形式，分为"国家篇""社会篇"和"个人篇"三大部分，每部分包含四个相应的关键词。

　　本套读本在介绍社会主义核心价值观的同时，十分重视展示清远文化的优秀成果、清远传统民俗和改革开放的巨大成就等清远特色素材。

　　期待广大青少年能从这套书中得到一些启发，提高思想道德修养，做践行社会主义核心价值观的表率，为实现中华民族伟大复兴的中国梦增添青春正能量。

编写组

2019 年 6 月

目录

★ 前言 / 1

★ 国家篇

一、富强

1. 富强之梦

遥远的东方有一条龙 / 02

从今走向繁荣富强 / 03

2. 富强之路

各出所学，各尽所知 / 04

国家强则少年强 / 05

3. 感悟与践行

清远市建市以来的变化及成就 / 06

二、民主

1. 民主之魂

民主制度，天下之公理 / 07

天下之权，唯民主是主 / 08

2. 民主之路

以人为本，以民为贵 / 09

农综改，激发基层活力 / 10

3. 感悟与践行

清远"美丽乡村"建设的意见及建议 / 11

三、文明

1. 文明之源

源远流长，一脉相承 / 12

考古，刷新文明的起源 / 13

2. 文明之路

文明，国家发展之境界 / 14

文明，国民必备之素质 / 15

3. 感悟与践行

校园文明餐桌宣传方案 / 16

我自清远来
（简谱）

我自清远来
（学生 MV）

1

四、和谐

1. 和谐之声

君子和而不同　/ 17

美的真谛是和谐　/ 18

2. 和谐之路

青藏铁路：人与自然和谐之路　/ 19

清远市民族团结之花处处开　/ 19

3. 感悟与践行

"垃圾分类齐参与"倡议书　/ 20

社会篇

一、自由

1. 自由之花

自由是进步的象征　/ 22

百花齐放，百家争鸣　/ 23

2. 自由之路

互联网不是法外之地　/ 24

自由意味着责任　/ 25

3. 感悟与践行

"放飞的任性，失落的自由"小论文　/ 26

二、平等

1. 平等之权

刑无等级　/ 27

竺可桢妙解"训话"　/ 28

2. 平等之路

反腐无止境　/ 29

精准扶贫，促平等　/ 30

3. 感悟与践行

寻找帮扶对象，落实帮扶行动　/ 31

三、公正

1. 公正之品

持心如衡，以理为平 / 32

持公心，莫徇私 / 33

2. 公正之路

一心可以兴邦 / 34

清正廉明的包青天 / 35

3. 感悟与践行

"选举与我"辩论赛 / 36

四、法治

1. 法治之绳

法度者，政之至也 / 37

法不阿贵，绳不挠曲 / 38

2. 法治之路

依法治国，利在千秋 / 39

蓝丝带平安法治进万家 / 40

3. 感悟与践行

模拟立法听证会 / 41

★ 个人篇

一、爱国

1. 爱国之责

奋不顾身，而殉国家之急 / 44

没有国，哪有家 / 45

2. 爱国之路

两弹元勋，赢得身后名 / 46

清远凤凰，精神不灭 / 47

3. 感悟与践行

爱国诗词、画作创作大赛 / 48

二、敬业

1.敬业之德

大地之子黄大年 / 49

当敬业成为一种习惯 / 50

2.敬业之路

向秀丽：用生命诠释职业道德 / 51

立足岗位做贡献 / 52

3.感悟与践行

"劳动光荣"演讲比赛 / 53

三、诚信

1.诚信之道

商鞅徙木立信 / 54

魏文侯不爽约 / 55

2.诚信之路

"网上温州诚信馆" / 56

诚信即心灵的开放 / 57

3.感悟与践行

"建文明城市，规范快递业"调查报告 / 58

四、友善

1.友善之心

君子莫大乎与人为善 / 59

人之初，性本善 / 60

2.友善之路

请让我来帮助你，就像帮助我自己 / 61

勿以善小而不为 / 62

3.感悟与践行

志愿者服务方案计划表 / 63

⭐ **学习笔记** /64

⭐ **后记** /66

国家篇

我和我的祖国
（音频）

一、富强

国家富强是中华民族伟大复兴的中心任务。中国只有成为强国，才有实力和底气屹立于世界民族之林，这就需要把握世界主题，保持战略定力，始终坚持以经济建设为中心，构筑世界一流的硬实力和软实力。

1.富强之梦

⭐ 遥远的东方有一条龙

中国是世界四大文明古国之一。被誉为"东方巨龙"的中国，幅员辽阔，经济发达，军事强盛，文化繁荣，发明惊世，人才辈出。中国人民在漫长的历史长河里创造了灿烂的文化和科技成就，在世界科技史的舞台上扮演着重要角色。当世界四大文明古国中的其他三个都在短暂的文明期后灭亡，中华文明仍然长盛不衰。

从先秦到现在，富强是中华民族千古不变的追求。从《尚书》开始，我国古代典籍中关于养民、裕民、惠民、富民的论述层出不穷。《尚书》中说："德惟善政，政在养民。"孔子说："政之急者，莫大乎使民富且寿也。"我们今天对富强的渴望，绝不仅仅止于过去的国富兵强，而是应该表现为国富民富、国强民强、民富国强、民强国富的价值追求。

万里长城

⭐ 从今走向繁荣富强

今天的中国正在崛起，经济繁荣，社会稳定，人民安居乐业，一步步走向富强。

这是探索前行的进程。一个13亿多人口的大国实现现代化，是史无前例的。中国的发展注定要走一条属于自己的道路。我们"摸着石头过河"，全面深化改革、不断扩大开放、探索前进，开创和发展中国特色社会主义新时代。

这是真抓实干的进程。我们紧紧抓住经济建设这个中心不放松，与时俱进、开拓创新，靠着拼劲、干劲，靠着钉钉子的精神，把中国建成经济总量稳居世界第二、外汇储备逾3万亿美元、科技实力等领域不断发展的大国。

中国向上 百姓福

这是共同富裕的进程。发展为了人民，发展依靠人民，发展的成果由人民共享，这是中国推进改革开放和社会主义现代化建设的根本目的。改革开放以来，中国有7亿多人口摆脱贫困，13亿多人民的生活质量和生活水平大幅度提升。我们用几十年的时间完成了其他国家几百年走过的发展历程。

这是中国走向世界，世界走向中国的进程。我们奉行独立自主的和平外交政策，坚持对外开放的基本国策，敞开大门搞建设。从大规模引进来到大踏步走出去，积极推动建设更加公正合理的国际秩序，中国同外部世界的互动持续加深，中国的朋友遍布世界。

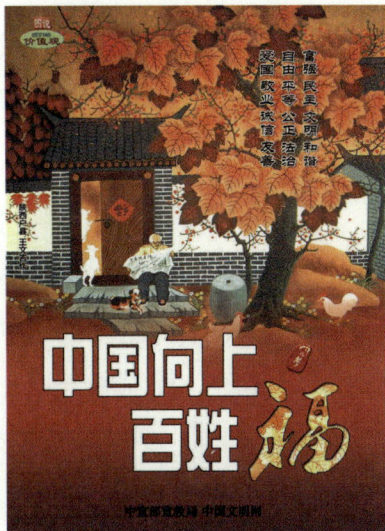

2. 富强之路

⭐ 各出所学，各尽所知

　　詹天佑（1861 年 4 月 26 日—1919 年 4 月 24 日），字眷诚，号达朝，汉族，生于广东南海。12 岁留学美国，1878 年考入耶鲁大学土木工程系，主修铁路工程，他是中国近代铁路工程专家。1905—1909 年主持修建我国自建的第一条铁路——京张铁路；创造"竖井施工法"和"人"字形线路，震惊中外；在筹划修建沪嘉、洛潼、

詹天佑

津芦、锦州、萍醴、新易、潮汕、粤汉等铁路中，成绩斐然；著有《铁路名词表》《京张铁路工程纪略》等；有"中国铁路之父""中国近代工程之父"之称。詹天佑曾说："各出所学，各尽所知，使国家富强不受外侮，以自立于地球之上。"此言深刻地表达出国家富强的重要性。李四光对他的评价是："詹天佑先生领导修建京张铁路的卓越成就，为当时深受侮辱的中国人民争了一口大气，表现了我国人民伟大的精神和智慧，昭示着我国人民伟大的将来。"

⭐ 国强则少年强

一位从哈佛学成归来的毕业生许吉如曾在北京卫视的一档节目中发表过一段题为《国强则少年强》的演讲，赢得了很多人的共鸣。

在美国的时候，当班上那位来自叙利亚的同学得知许吉如毕业以后就要回中国时，他说："我很羡慕你，我的国家常年内战。虽然今天我俩都是在美留学生，但是我的身份叫叙利亚难民，而你的身份叫中国国民。"难民与国民的最大差别在于，你是否有自由选择的权利；是否一定要将自己的命运，寄托在别的国家，寄托在一纸冰冷的移民法案里。

安全感所带来的自由选择的权利，是一个国家赋予年轻人最好的礼物。因为这意味着，你不必非得在别人的国土上，成为一个非常优秀的个体，才能够被尊重；你能确信踏踏实实地做一个普普通通的中国人，也会被善待；因为你背后是个富强、稳定的国家，而世界对你的国家充满敬畏。

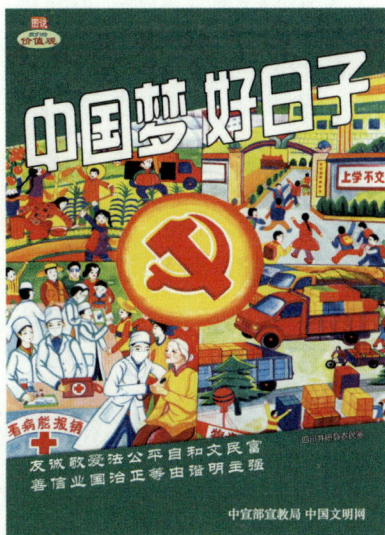

中国梦　好日子

3.感悟与践行

清远市建市以来的变化及成就

【背景材料】

　　清远，中国广东省辖地级市，于1988年1月7日经国务院批准设立。位于中国广东省中北部，北江中下游，西北连接湖南省和广西壮族自治区，东北接壤韶关市，西南紧靠肇庆市，东南紧邻广州市和佛山市，是广东省陆地面积最大的地级市。下辖清城、清新2区和佛冈、阳山、连南、连山4县（其中，连南瑶族自治县和连山壮族瑶族自治县为少数民族自治县），并代管英德、连州2县级市，户籍人口约410万。清远人文历史悠久，是广东省旅游资源大市之一，素有"中国温泉之乡""中国龙舟之乡""中国漂流之乡""中国优秀旅游城市"和"中国宜居城市"等美誉。

【我们的议题】

　　我们如何助推魅力清远的发展？

【我们在行动】

　　主题：上网搜集资料，自制表格（参考以下表格），了解清远市建市以来的变化及成就。

项目　　　　　年份	GDP（国民生产总值）（单位：亿元）	城镇居民纯收入（单位：元）	农村居民纯收入（单位：元）	其他
1988 年				
1998 年				
2008 年				
2018 年				

"民主"一词最早见于《尚书》。如《尚书·多方篇》多次说"天惟时求民主""诞作民主"。在这里，"民主"即"民之主"，就是管理人民的君主；我国古代思想家提出了"以民为本""立君为民"的政治理念，主张君主应当代表和服务人民的利益，做民之向导。

1. 民主之魂

⭐ 民主制度，天下之公理

民主是人类社会的美好诉求。甲午战争后，为挽救民族危机，以康有为、梁启超为首的维新派提出兴民权、实行君主立宪、提倡西学和改革教育制度等主张，梁启超提出"民主制度，天下之公理"。以孙中山为代表的资产阶级革命派

中国甲午战争博物馆陈列馆

提出了"三民主义"，建立了中华民国，制定《中华民国临时约法》，使民主共和的观念深入人心。之后，以陈独秀、李大钊、胡适、鲁迅为首的知识分子发起新文化运动，提倡民主与科学，在社会上形成了反对专制，要求民主、自由的洪流，为马克思主义在中国的传播和"五四"爱国运动的爆发奠定了思想基础。经过无产阶级领导的新民主主义革命，中国人民推翻了帝国主义、封建主义和官僚资本主义"三座大山"。1949年，中华人民共和国成立后，中国民主政治进入了人民民主发展的新阶段。

天下之权，唯民主是主

在《辞海》中，"民主"的解释是"指人民有管理国家和自由发表意见的权利"。从政治学的观点来看，民主是一个政治概念，用于国家形式，即作为一种国家制度，以区分专制制度。

中国古代的禅让制度，是中国原始社会部落联盟民主推选首领的制度，最早记载于《尚书》之中。在华夏大地之上，轩辕黄帝及他们的后代创立了"禅让制"，它是中国上古时期推举部落联盟首领或帝王让位给别人的一种方式，即部落各个人表决，以多数决定，在这种伟大民主制度的感召下，各个部落融入华夏民族。由此可见，民主与和谐是辩证统一的，它们不应分开，是民主孕育了和谐。

民主制度是构建和谐社会的基础，和谐也是民主的目标。我国是人民民主专政的国家，而如今我们也在大力构建社会主义和谐社会，它是民主法治、公平正义、诚信友爱的社会；人与自然和谐相处的社会。这也更加显示了民主对于构建和谐社会的重要性。

再好的民主制度，都要由人来落实。建设优质的社会主义民主政治，要求我们每个公民形成民主素养、民主习惯，把它转化为自己的生活态度、生活方式。而把民主转化成生活方式，则要求每个公民形成主人翁意识、法制规则意识以及宽容的心态。

民主（剪纸）

2.民主之路

⭐ 以人为本，以民为贵

　　源远流长的中华优秀传统文化，是涵养社会主义核心价值观的重要源泉和精神命脉，从中增强对民族优秀传统文化的自觉和自信，认真汲取其思想精华和道德精髓。

　　孟子曰："民为贵，社稷次之，君为轻。是故得乎丘民而为天子，得乎天子为诸侯，得乎诸侯为大夫。诸侯危社稷，则变置。"国君和社稷都可以改立更换，只有老百姓是不可更换的，所以，百姓最为重要。这一段是孟子民本思想最为典型、最为明确的体现，"民贵君轻"成为后世广泛流传的名言，一直为人们所引用。《尚书》也说："民惟邦本，本固君宁。"老百姓才是国家的根本，根本稳固了，国家也就安宁。

　　我们追求的民主是人民民主，其实质和核心是人民当家做主。它是社会主义的生命，也是创造人民美好幸福生活的政治保障。

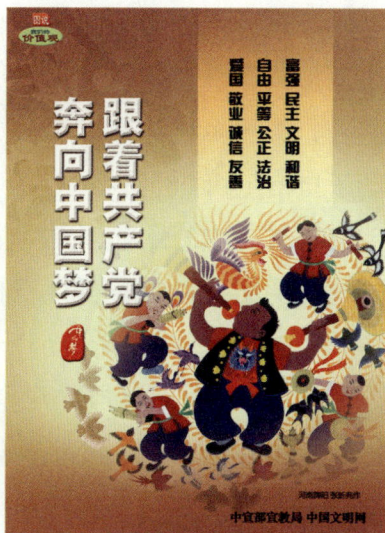

奔向中国梦

农综改，激发基层活力

近年来，清远市着力推进以加强基层党组织建设为核心的"三个重心下移"（即基层党建重心下移、村民自治重心下移和公共服务重心下移）的农村综合改革，"清远经验"成为全国关注的焦点。

清远通过调整基层组织设置，充分发挥村民小组（自然村）党支部党群连心桥作用，夯实密切联系群众的基础，进一步丰富了党管农村工作的实现形式。农村基层党组织通过土地

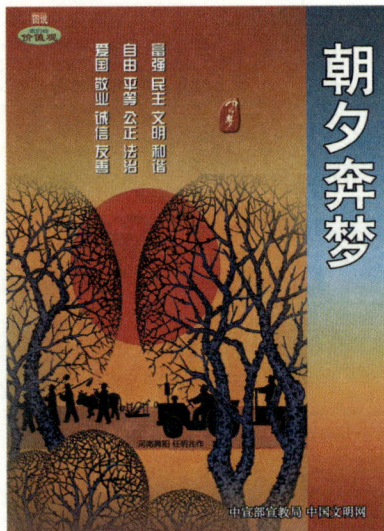

朝夕奔梦

整合、美丽乡村建设、乡村振兴等载体，激发了农民主体作用，调动了自治组织、经济组织、社会组织等参与农村建设发展的积极性，改变了过去农村工作干部干、群众看，党和政府唱独角戏的局面，构建起党组织领导下群众积极参与的共谋、共建、共治、共享治理体系。

在清远，除了基层党建、村民自治、公共服务重心下移等举措，还有阳山县美丽乡村建设探索出"四个不补"经验、制定"以奖代补"激励机制，连州市实行垃圾分类、建立保洁人员和群众参与的激励机制等。通过合力打造共建共治共享的社会治理格局，实现人人参与、人人尽力、人人共享。

3.感悟与践行

清远"美丽乡村"建设的意见及建议

【背景材料】

2016年，按照习近平总书记"看得见山，望得见水，记得住乡愁"的重要指示精神，以农村人居环境综合整治为突破口，以"三清三拆三整治"为抓手，以农村综合改革为动力，统筹推进美丽乡村建设。

在美丽乡村建设的过程中，"三个重心下移"的作用开始显现。英德市连江口镇连樟村党总支部结合精准扶贫工作，党员主动带头拆除危旧房屋，并积极发动群众集资改建村道和投工筹劳，基层党组织变成新农村建设的"服务中心"。该村甜塘村村小组长、党员陆志坚带头无偿拆除自家的十多间杂物房和猪鸡舍，并主动协调有关困难和问题，以实际行动推进人居环境综合整治。根竹坪村村小组长、老党员邓益斗主动带领村民投工投劳建设公益设施，成功创建全镇首个美丽乡村整洁村。

【我们的议题】

在"美丽乡村"建设中，你觉得要有怎样的情怀和行为呢？

【我们在行动】

主题：我们能为"美丽乡村"建设做些什么？

要求：

（1）对"美丽乡村"建设中存在的问题进行拍照。

（2）关注"清远三农"微信公众号，发现清远有哪些美丽乡村，我们可以为之做些什么？

三、文明

汉语"文明"一词，最早出自《易经》，曰"见龙在田、天下文明"。马克思说："文明的一切进步是社会生产力的发展。"这是从国家层面来讲，文明是指国家发展的状态，即国家物质财富和精神财富的总和。《尚书·舜典》称赞舜"浚哲文明"，就是从个人的层面说他为人谦恭，品德高尚，端庄有教养。

1. 文明之源

源远流长，一脉相承

文明是社会进步的重要标志，也是社会主义现代化国家的重要特征。它是社会主义现代化国家文化建设应有的状态，是对面向现代化、面向世界、面向未来的，民族的、科学的、大众的社会主义文化的概括，是实现中华民族伟大复兴的重要支撑。中华文明是人类历史上唯一没有中断的文明。

在漫长的历史发展过程中，中华文明形成了如下一些主要特点：

一脉相承。大量的书面文献资料和众多的实物，包括器物、遗迹、遗址等均是不二的见证。前者如历史文献，仅正史就有25部之多。后者如考古资料，20世纪以来的大量考古发现，使中华文明尤其是中华文明的源头有了越来越清晰和确切的实物证明，这是十分了不起的。

独树一帜。自古以来，中华文明在继承和创新中不断发展，在应时处变中不断升华，积淀着中华民族最深沉的精神追求，是中华民族生生不息、发展壮大的丰厚滋养。中国的造纸术、火药、印刷术、指南针、天文历法、哲学思想、民本理念等在世界上影响深远，有力推动了人类文明发展进程。

兼收并蓄。中华文明是在同其他文明不断交流互鉴中形成的开放体系。从历史上的佛教东传、"伊儒会通"，到近代以来的"西学东渐"、新文化运动、马克思主义和社会主义思想传入中国，再到改革开放以来全方位对外开放，中华文明始终在兼收并蓄中历久弥新。

⭐ 考古，刷新文明的起源

2016 年 9 月中下旬，广东省文物考古研究所与北京大学考古文博学院、英德市博物馆等单位联合组成的考古队，在位于英德的青塘遗址黄门岩 1 号洞地点，发现了广东乃至岭南最早的古代墓葬，并从中发掘出保存较为完

考古现场

整的人体骨架。考古工作人员对化石共存碳样进行加速器质谱（AMS）测定，结果为距今 13 500 年左右，属于旧石器时代晚期。

这是广东保存最完整、距今已有 1 万年的古人类化石，为广东旧新石器时代过渡阶段的考古重要资料。这也是迄今为止在广东乃至岭南地区发现的最早的古墓葬。而在这具古人类骨架背后，还有更多的未解之谜尚未揭开：这位岭南先民来自何方？他是否就是现代岭南人的"老祖宗"？

2. 文明之路

文明，国家发展之境界

唐朝贞观年间，西域回纥国是大唐的藩国。一次，回纥国为了表示对大唐的友好，便派使者缅伯高带了一批珍奇异宝去拜见唐王。在这批贡物中，最珍贵的要数一只罕见的珍禽——白天鹅。

缅伯高最担心的也是这只白天鹅，万一有个三长两短，可怎么向国王交待呢？所以，一路上，他亲自喂水喂食，一刻也不敢怠慢。一天，缅伯高来到沔阳湖边时，不忍心白天鹅口渴，便打开笼子，把白天鹅带到水边让它喝了个痛快。谁知白天鹅喝足了水，"扑喇喇"一声飞上了天！缅伯高向前一扑，只捡到几根羽毛。一时间，缅伯高捧着几根雪白的鹅毛，直愣愣地发呆。思前想后，缅伯高决定继续东行，他拿出一块洁白的绸子，小心翼翼地把鹅毛包好，又在绸子上题了一首诗："天鹅贡唐朝，山重路更遥。沔阳湖失宝，回纥情难抛。上奉唐天子，请罪缅伯高，物轻人义重，千里送鹅毛！"

缅伯高带着珠宝和鹅毛，披星戴月，不辞劳苦，不久就到了长安。唐太宗接见了缅伯高，缅伯高献上鹅毛。唐太宗看了那首诗，又听了缅伯高的诉说，非但没有怪罪他，反而觉得缅伯高忠诚老实，不辱使命，就重重地赏赐了他。

当前，我们建设文明国家这与大唐海纳百川的开明、礼尚往来的文明和从容不迫的自信是一脉相承的。发展无限度，文明无止境。我们都必须深刻理解文明的价值和内涵，为推动国家发展、社会进步贡献自己的力量。

文明，国民必备之素质

文明是一个国家的软实力，但它的建成，则需要国民的硬素质。

获全国"五好家庭"称号的清远市潘朝霞家庭向该社区居民分享了自己的经历，"我把我的爱人留住了，我的家就在"，把"别人的痛苦当作自己的痛苦"；文明交通劝导员潘利娟，则用实际行动交出答卷，她毫不犹豫地抱起一位因低血糖突然倒地的女行人，给她喂水，并将她搀扶到附近的休息室；清远干警梁文峰暴雨中执勤的图片刷遍微信朋友圈；佛冈县汤塘镇汤塘人民法庭庭长蓝榕概扎根基层，坚持"案结事了人和谐，服判息诉无申诉"标准，成立省内首个以个人名义命名的法官调解工作室；清城区龙塘派出所副所长黎海平坚持把人民群众的幸福感、安全感、满意度作为检验和衡量辖区治安工作的根本标准，树立"警区就是防区，警务就是服务"的理念，做强做实农村警务工作……

文明的人是进取的人，不会说空话不办事，而是努力工作，创造良好的业绩，用更高的效率办好事。文明的人是自律的人，不会不讲原则，不守规矩，而是以遵纪守法作为自己的原则。文明的人是守礼的人，不会嘲笑或歧视别人，而是以文明礼仪作为自己的风格气质。

文明一个人，和谐一个社会。我们都应该遵守社会公德，养成文明习惯，共同构建一个和谐的社会。

生生不息

校园文明餐桌宣传方案

【背景材料】

"清远周末•文明1小时"行动，旨在倡导大家利用碎片和闲暇时间，从自身做起，从小事做起，随手一指，随手一扶，随手一劝，随手一捡，随手一拨，随手一关，让想参与创文的市民朋友们随时随处都能从身边寻找到共同践行文明的机会，搭建全民参与大平台。在这过程中，党员干部发挥好先锋模范带头作用，市民和志愿者朋友们积极参与进来，每个周末至少有一个小时作为文明时间。创文成功离不开各级各部门的共同努力，更离不开每一位市民的积极参与。可通过开展"清远周末•文明1小时"活动，让文明成为清远新常态。

【我们的议题】

清远市民如何参与"清远周末•文明1小时"？

【我们在行动】

主题：针对同学们在就餐礼仪和习惯中普遍存在的问题，设计一份校园文明餐桌宣传方案。

要求：

（1）目的明确，设计合理。

（2）形式多样，独特新颖。

（3）宣传效果显著。

"和"字的左边是"禾"，它可以单独成字，意思是农田里的苗；右边是个"口"字，即人人都有饭吃。"谐"字的左边是"言"（讠），右边是个"皆"字，表达的意思是人人都可以说话。人们说：和谐=人人都有饭吃+人人都能说话。

1. 和谐之声

★ 君子和而不同

子曰："君子和而不同，小人同而不和。" 北宋曾经有两个宰相，一个叫司马光，一个叫王安石。他们两人的政治主张，相差十万八千里。王安石大权在握，皇帝询问他对司马光的看法，王安石大加赞赏，称司马光为"国之栋梁"，对他的人品、能力、文学造诣都给了很高的评价。

司马光（左）与王安石（右）画像

愤世嫉俗的王安石强力推行改革，触动了皇亲贵胄的利益，招致地方官的强烈不满，逢朝必有弹劾。皇帝重新任命司马光为宰相。司马光恳切地告诉皇帝："王安石嫉恶如仇，胸怀坦荡忠心耿耿，有古君子之风。陛下万万不可听信谗言。"皇帝听完司马光对王安石的评价，说："卿等皆君子也！"

我不同意你的看法，不代表我不尊重你的人品，更不意味着我可以剥夺你的权利。彼此尊重不仅仅体现在相互之间关系密切，更重要的是尊重并允许对方发出不同的声音。唯其如此，思想才会自由，社会才能和谐、进步。

美的真谛是和谐

冰心老人曾说："美的真谛应该是和谐。这种和谐体现在人身上，就造就了人的美；表现在物上，就造就了物的美；融汇在环境中，就造就了环境的美。"

2016年感动中国人物买买提江·吾买尔是新疆伊犁地区布力开村村支部书记，维吾尔族。吾买尔是吃着村里维吾尔族、哈萨克族、汉族等各族人家的百家饭长大的，也由此对乡亲们产生了化都化不开的浓浓感情。当上村支书之后，吾买尔把"不让一个人受穷，不让一个人掉队"作为自己的工作宗旨，全力带领村民奔小康。在布力开村，各族群众和谐相处，从来没有红过脸，更没有出现过民族歧视。吾买尔说，只有民族团结，经济才能发展。如今，布力开村已成为全国新农村建设示范点。截止到2015年底，布力开村1120户村民全都盖起了有网有电话的新房，铺上了总长42公里的柏油路，全村三分之一的人家买上了小汽车。在民族团结的大道上，布力开村实实在在享受到了团结带来的生产力。

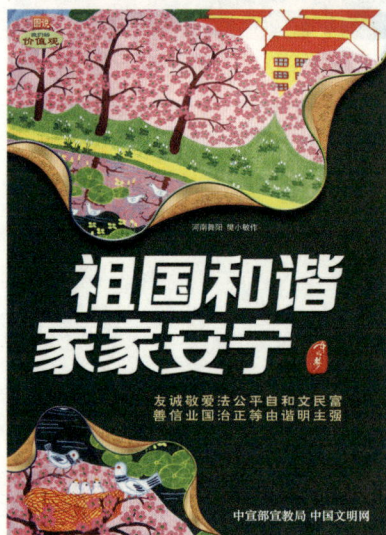

祖国和谐 家家安宁

民族团结一家亲，和为贵，谐为美！著名社会学家、人类学家费孝通先生曾说过这样一句话："各美其美，美人之美，美美与共，天下大同。"美的真谛不言而喻。正是这种美，令人惊艳，令人回味，又令人憧憬。和谐之美，让人赏心悦目；和谐之美，令人心旷神怡；和谐之美，让人神清气爽……

2. 和谐之路

⭐ 青藏铁路：人与自然和谐之路

因为青藏铁路穿越可可西里、羌塘等国家级自然保护区，为了保障沿途藏羚羊等珍稀野生动物的正常生活、自由迁徙和繁衍，青藏铁路沿线共设置了33处野生动物通道，让藏羚羊正常生活、自由迁徙和繁衍。

青藏铁路

当列车驶过青藏铁路野生动物通道五北大桥时，看着那一批批迁徙的藏羚羊从桥下经过，这一瞬间，显得如此美妙与和谐。

⭐ 清远市民族团结之花处处开

"五十六个民族五十六枝花，五十六个兄弟姐妹是一家"。清远市是广东省少数民族人口主要聚居区，是省内世居少数民族人口最多的地级市。民族地区包括连山、连南两个自治县和连州市三水瑶族乡、瑶安瑶族乡以及阳山县的秤架瑶族乡，总面积3130平方公里。2016年，全市有少数民族40个，少数民族户籍总人口约20.77万人，其中瑶族约13.2万人，壮族约7.16万人。民族地区少数民族人口约18.66万人，分别占全市和民族地区总人口的4.32%和56.04%。长期以来，各民族和睦共处，亲如一家，不断巩固和发展平等、团结、互助、和谐的社会主义民族关系。

每年农历七月初七连山壮族的"七月香戏水节"开幕。壮家人不分男女老幼都聚集到河里洗头、沐浴、嬉戏，以祈求健康长寿和平安吉祥。每逢七夕，全县各地的男女老少以及外出的打工者都会汇集于县城的上吉河，自发参与这场幸福的泼水盛宴。各族人民的和谐相处之美尽收眼底。

"垃圾分类齐参与"倡仪书

【背景材料】

习近平指出，推行垃圾分类，关键是要加强科学管理、形成长效机制、推动习惯养成。要加强引导、因地制宜、持续推进，把工作做细做实，持之以恒抓下去。要开展广泛的教育引导工作，让广大人民群众认识到实行垃圾分类的重要性和必要性。通过有效的督促引导，让更多人行动起来，培养垃圾分类的好习惯。全社会人人动手，一起来为改善生活环境作努力，一起来为绿色发展、可持续发展作贡献。

近年来，清远生活垃圾的产量不断攀升。据统计，2006年，清远市区范围每天产生的垃圾量是250吨，到了2018年已经达到每天1300吨。垃圾处理设施超负荷运转、垃圾处理能力严重不足等问题日益突出。

为了进一步推进垃圾分类的相关工作，清远市于2018年制定了《清远市推进垃圾分类和减量工作的实施方案（征求意见稿）》，要求建立健全城镇垃圾分类投放、分类收集、分类运输及分类处理相应的标准体系和长效管理监督考核体系。目标是到2020年底，市民生活垃圾分类覆盖率达到90%，生活垃圾回收利用率达到35%以上。

【我们的议题】

垃圾分类，我们可以做什么？

【我们在行动】

制作倡议书——垃圾分类齐参与

"垃圾分类齐参与"倡议书	
倡议对象	
倡议原因	
倡议内容	
日期	

社会篇

童谣展播（1）

一、自由

自由是指人在社会关系中的状态。马克思主义理论中的自由，是以人为中心的社会全面自由。自由是社会活力之源，也是社会主义的价值理想。社会主义的自由，不只是追求物质生活的改善，更重要的是保证人民充分享有发展自我、实现自我的机会，使每个人都能拥有七彩人生。

1. 自由之花

⭐ 自由是进步的象征

自由是一个伟大的词语。追求自由，是人的一种本能，也是人的一种权利。自古以来，人类对于自由的追求，从来没有停止过，有的人甚至为了自由不惜付出生命。不分地域、不分国家、不分民族、不分肤色……人们都把自由作为孜孜以求的目标，可见自由是多么宝贵。人类为自身的自由奋斗了几千年，从某种意义上说，人类发展史就是一部人类为了争取自由和平等而奋斗的历史。

富强 民主 文明 和谐
自由 平等 公正 法治
爱国 敬业 诚信 友善

中共广东省委宣传部　广东省文明办

自由（剪纸）

社会主义自由是形式自由和实质自由的有机统一。在社会主义现代化进程中，我们党和国家不断明确自由的科学内涵、拓宽自由的实现路径，在经济建设、政治建设、文化建设、社会建设和生态文明建设各领域进行全面深化改革，切实保障全体人民的自由。

⭐ 百花齐放，百家争鸣

百家争鸣是对先秦时期出现的各种学术流派相互争论、相互学习、相互借鉴，形成各种思想主张并存的文化大发展、大繁荣局面的总称。后世常常用百家争鸣、百花齐放来鼓励不同观点，不能禁锢人们的思想。这是一个改革开放的时代，人人都可以发言，人人都能尽其才。百家争鸣促进了中国传统文化的博大精深，使中国形成了迥异于西方文化而独具特色的东方文化体系。

春秋诸子百家园

2. 自由之路

⭐ 互联网不是法外之地

网络空间同现实社会一样，既要提倡自由，也要保持秩序。自由是秩序的目的，秩序是自由的保障。我们既要尊重网民交流思想、表达意愿的权利，也要依法构建良好网络秩序，这有利于保障广大网民的合法权益。网络空间不是"法外之地"。网络空间是虚拟的，但运用网络空间的主体是现实的，大家都应该遵守法律，明确各方权利义务。要坚持依法治网、依法办网、依法上网，让互联网在法治轨道上健康运行。

2019年4月29日是第六个首都网络安全日，其间，《网络空间法治化治理》白皮书在北京发布。白皮书指出，面对严峻复杂的网络犯罪形势，网安总队牵动全局各警种，协同作战，连续开展"净网护网2018""净网2019"等专项行动。专项行动开展以来，网安总队共侦破各类涉网违法犯罪案件8600余起，抓获犯罪嫌疑人5400余人。特别是2018年5月、8月网安总队组织开展了两次打击侵犯公民个人信息犯罪行动，共清查27家公司，刑事拘留197人，勘验电子设备667台，查获各类公民信息1491万条。白皮书提到，全面整治违规网络服务商，围绕云平台、网络直播、移动应用、电子商务、网络短租、婚恋类、APP应用商店、分发平台等重点网络服务商开展专项治理，共关停违法账号130余万个；指导视频直播网站关闭直播间270余万间，禁播主播5万余人次，封禁账号35万个，停机整顿网站2350余家。

自由意味着责任

　　自由自在地生活是每一个人的梦想，但在很多情况下，自由的生活是以不自由为前提的，因为绝对的自由通常意味着绝对的不自由。一个自由平等的社会应确保每一个人的自由和平等，而不是少数人的自由和平等。确保每一个人的自由和平等的前提是毫无例外地对每一个人进行必要的约束。正如卢梭所说："人是生而自由的，但无处不在枷锁之中。"除因自私而设置的枷锁之外，枷锁是无可指责的。由此可见，人所追求的自由是有序的自由，是公共的自由，而不是狭隘的自由。因为自由的本义并不是为所欲为。所以，我们在做出自由选择时，一定要问自己一个问题：我是否承担得起这一选择所附带的责任？如果不能承担相应的责任，那么只会让生命陷入不自由的悲苦之中。当然，这并不意味着我们从此不再享受选择的自由或者不再承担任何责任。

　　作为现代社会人，我们应该有自己的自由，但我们同样要遵守这个社会的规范、法律。只有遵守这些规范和法律，社会才能在和平的环境中发展。这种成熟的秩序是文明的表现，是对个人自由的保护。所以，我们需要认识到的是：自由与责任是相伴而行的，只有担当得起责任，才能享受得了自由。

规矩之内　自由翱翔

"放飞的任性，失落的自由"小论文

【背景材料】

2018年1月5日，罗某（女）以等丈夫为由，用身体强行扒阻车门关闭，造成该次列车延迟发车，涉嫌"非法拦截列车、阻断铁路运输"，扰乱了铁路车站、列车正常秩序。公安机关责令罗某认错改正，对罗某处以2000元罚款。

2018年11月28日，山东东平一起司乘冲突案件一审宣判，因抢夺公交司机方向盘，被告人周某某因犯以危险方法危害公共安全罪，被判处有期徒刑3年。

2019年4月2日，武汉天河国际机场，一男子听从丈母娘的吩咐，向飞机引擎扔了3枚硬币祈福，男子随后被处行政拘留10天。

【我们的议题】

自由是否可以任性而为？

【我们在行动】

主题：以"放飞的任性，失落的自由"为题，撰写一篇小论文。

要求：体会深刻，观点独特，有感而发。

平等是指人们在经济、政治、文化、社会生活等方面享有同等的基本权利，也指每个人在机会、人格等方面没有高低贵贱之分。人和人之间的平等，不是指物质上的"相等"或"平等"，而是在精神上的互相理解、互相尊重。现代社会所追求的平等，是一个逐步实现的过程，每个人都要承担义务，反对特权。

1. 平等之权

★ 刑无等级

商鞅在《赏刑》一文中提出了三个政治主张，即壹赏、壹刑、壹教。商鞅说：所谓统一刑罚，就是刑罚不论地位高低，自卿相将军到大夫平民，有不服从国君命令、违反国家禁令、破坏国家制度者，就判处死刑，决不赦免。以前立过功劳，以后办了坏事，

商鞅画像

不因此而减轻刑罚；以前有过善行，以后有了罪过的，不因此而破坏法律。忠臣孝子有了过失，也必须按照罪的大小来判刑。商鞅主张"刑无等级"，他不仅是这样说，更是这样做的。

今天，在建设社会主义法治国家的过程中，一切从法律出发，敢于并善于维护法律的尊严，执法必严、违法必究，维护司法公正，真正做到刑无等级，是依法治国的关键。

⭐ 竺可桢妙解"训话"

1936年4月，中国著名气象学家竺可桢担任浙江大学校长，前后历时13年，其间深受师生的爱戴。

一次，浙江大学举行联欢会。那时候有个不成文的传统，在所有校长参加的活动上都有一个叫"校长训话"的环节。竺可桢一看节目流程单上写着"请校长训话"，感到在联欢会上来个"训话"，实在有些不妥。于是，当主持人报幕请他"训话"时，他一上场就说："同学们，你们请我'训话'，但要知道，'训'字从言从川，左边说话，右边成河，是信口开河的意思哦。"大家听了，哄堂大笑。一场校长的讲话便从轻松的氛围里开始了。

竺可桢塑像

哪怕是身为校长、学术权威，竺可桢也是没有一点官气，与学生相处异常融洽。可见，从每一个细节上注意尊重别人的平等存在，是竺可桢为人师表的品质典范，值得大家学习。

2.平等之路

⭐ 反腐无止境

　　中共中央总书记习近平在中国共产党第十九届中央纪律检查委员会第二次全体会议上发表重要讲话：要全面贯彻党的十九大精神，重整行装再出发，以永远在路上的执着把全面从严治党引向深入，开创全面从严治党新局面。要深化标本兼治，夺取反腐败斗争压倒性胜利。标本兼治，既要夯实治本的基础，又要敢于用治标的利器。要坚持无禁区、全覆盖、零容忍，坚持重遏制、强高压、长震慑，坚持受贿行贿一起查，坚决减存量、重点遏增量。要把扫黑除恶同反腐败结合起来，既抓涉黑组织，也抓后面的"保护伞"。要加强反腐败综合执法国际协作，强化对腐败犯罪分子的震慑。要强化不敢腐的震慑，扎牢不能腐的笼子，增强不想腐的自觉。要通过改革和制度创新切断利益输送链条，加强对权力运行的制约和监督，形成有效管用的体制机制。

　　如今，高压的反腐态势，越来越强劲的"打虎拍蝇"节奏，让人深刻感受到以习近平同志为核心的党中央将反腐败斗争进行到底的坚强意志和坚定决心。领导干部手中的一切权力都是人民赋予的，只能用来为党分忧、为国干事、为民谋利。

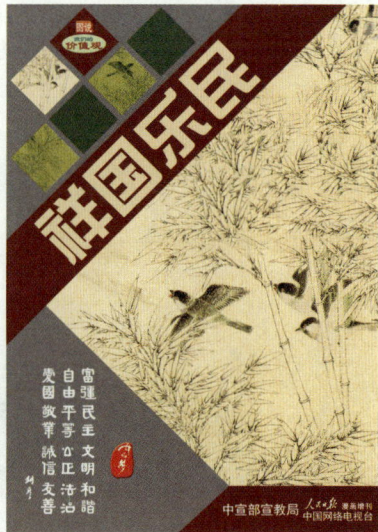

民乐国祥

⭐ 精准扶贫，促平等

连樟村是广东省清远市英德连江口镇唯一的省定相对贫困村。2015年的时候，贫困户的年人均可支配收入才3000块钱多一点，"脏、乱、差"遍布村庄。曾经的村党支部因"软弱涣散"被英德市列为重点整顿的村级党组织。

自新时期精准扶贫工作开展以来，连樟村在加强村级党组织建设的基础上，紧密结合精准扶贫精准脱贫工作，创新"党建+美丽乡村建设""党建+产业发展"等内容，激活贫困村"一池春水"。到2017年，经过两年扶贫，连樟全村贫困户年人均可支配收入达到了9114元，比2016年增加3890元。2018年有劳动能力的贫困人口通过保底分红可实现人均增收800元以上。贫困户人均收入两年翻三倍，村集体经济也从近乎"空壳"状态，跃升至10万元以上。

中国要强，农业必须要强；中国要美，农村必须美；中国要富，农村必须富。精准扶贫有助于消除贫困，全面建成小康社会，有助于实现中华民族的伟大复兴。

英德英西峰林

3.感悟与践行

寻找帮扶对象，落实帮扶行动

【背景材料】

由于家庭经济困难，部分寒门学子在收到大学录取通知书之后，不得不含泪放弃了自己的大学梦，实在令人扼腕叹息！

为帮扶我市贫困学生，2015年8月起清远市"蓝丝带助学"行动正式启动。心怀梦想的学子们，在众多社会热心人士的帮助下，一解学费难题，顺利升学。对于这些寒门学子和他们的家庭来说，这绝对是雪中送炭之举。类似的助学项目并非少数，早在2014年6月，在广州市对口帮扶清远市项目中便拟定了"广清帮扶贫困大学新生助学金"计划，共发放帮扶资金500万元，共资助970名寒门学子圆大学梦。另外还有普通高中国家助学金、清远市直普通高中扶志助学和残疾学生学费减免政策等，都为寒门学子圆梦提供了经济上的极大保障。

诚然，爱心助学，意义非凡。从小处看，它能让寒门学子与其他同学一样，昂首迈进大学之门；从大处看，它维护了教育的公平，成就了社会的平等。

【我们的议题】

帮助家庭贫困的孩子获得继续升学的机会，除了解决他们的学费和生活费，还要在哪些方面给予帮助？

【我们在行动】

在你的身边寻找帮扶对象，落实帮扶行动，设计一个帮扶记录表，并认真地完成表格。

三、公正

公正，是社会进步的标志。公正，即公平、正义，"公平"主要指权利公平、机会公平、规则公平以及分配公平等。"正义"主要指制度正义、形式正义以及程序正义等。社会主义核心价值观所倡导的"公正"，是加快建立以权利公正、机会公正、规则公正为主要内容的社会公平正义保障体系，努力营造公平正义的社会环境。

1. 公正之品

持心如衡，以理为平

公正，是国家昌盛、社会稳定的基础，任何社会形态的国度，如果公正缺失，那社会就会像大厦失去根基一样，必然倾斜甚至倒塌。《战国策》有云："商君治秦，法令至行，公平无私。"秦朝时期的吕不韦曾说："平出于公，公出于

天平是公正的象征

道。"戴圣在汉朝时期也曾说："大道之行也，天下为公。"众所周知，孙中山先生寓所旁边的影壁上就有"天下为公"这样一句话，正是我们中国传统思想的一种延续。古代如此，现代亦然。党的十六届六中全会通过的《中共中央关于构建社会主义和谐社会若干重大问题的决定》指出："社会公平正义是社会和谐的基本条件。"

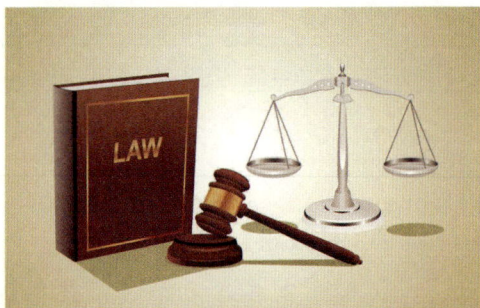

持公心，莫徇私

　　明朝著名政治家杨溥在京为官时，他的儿子从家乡来看望他。杨溥问儿子："你一路过来，可曾听说哪个郡守县令好吗？"儿子说江陵县的县令范理很不好。杨溥问原因，儿子说是因为范理招待他太马虎，根本不重视。杨溥默默地记住了范理这个名字，不久就向皇帝推荐，将范理提升为德安府知府，后升任贵州左布政使。有人劝范理写信感谢杨溥，范理说："杨溥替朝廷用人，并不是对我有什么私情，为什么要道谢？"最终未写一信。等到杨溥去世后，范理才哭着祭奠他，以感谢他的知人之明和公正无私。

　　"居官守职以公正为先，公则不为私所惑，正则不为邪所媚。"自古以来，公私分明一直是世人提倡的从政之德。杨溥没有因范理怠慢自己的儿子而怪罪他，反而因此提拔重用他，展现出不因私废公的高尚品德；范理没有因为杨溥提拔了自己就投桃报李，而是等到杨溥去世了才表达感激之情，亦是不想让私情影响公事。二人这种秉持公心、不徇私情的思想境界，值得我们学习借鉴。

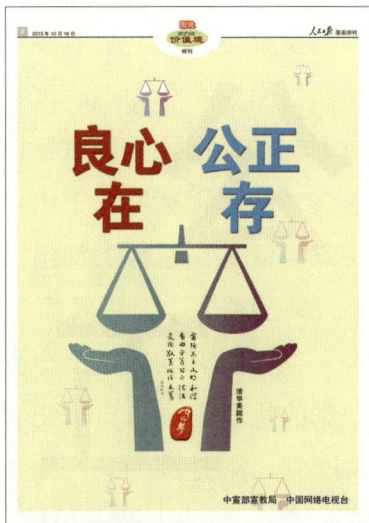

良心在　公正存

2. 公正之路

⭐ 一心可以兴邦

对党员领导干部来说，手中掌握着公权力，掌管着公共资源，公私分明、秉公用权是起码的政治道德和为政操守。

那么，该如何处理好公与私的关系呢？对此，习近平总书记明确指出，"衡量党性强弱的根本尺子是公、私二字"，"作为党的干部，就是要讲大公无私、公私分明、先公后私、公而忘私。只有一心为公、事事出于公心，才能坦荡做人、谨慎用权，才能光明正大、堂堂正正"。只有事事出于公心，才能有正确的是非观、义利观、权力观和事业观。现实中，有少数党员领导干部作风不正、行为不轨，或违背党的宗旨，由人民公仆沦为"官老爷"；或骄奢淫逸、"追腥逐臭"，干出以权谋私的不法之事。究其原因，一个重要方面就是在思想上混淆了公与私的界限，甚至将私情、私利凌驾于公共利益之上，因私而废公。

"一心可以丧邦，一心可以兴邦，只在公私之间尔。"中国共产党的执政地位来自历史和人民的选择。历史和人民之所以选择了共产党，就是因为共产党谋取的不是党的私利，不是党员干部的特殊利益，而是"把人民群众的公共利益，摆在自己的私人利益之上"。在新的历史条件下，党员领导干部更应时刻自省自警，坚决做到"公款姓公，一分一厘都不能乱花；公权为民，一丝一毫都不能私用"。只有思想上达到了这样的高度，才能始终秉持一颗公心，坚决不徇私情，永葆共产党人清正廉洁的本色。

清正廉明的包青天

包拯（999—1062年），宋代庐州合肥（今属安徽）人。他是中国历史上最有名的清官之一，被誉为"包青天"。"包公"成为清官的代名词，"不持一砚归"则是包拯清廉为官流传广泛的一段佳话。

端州（今肇庆市）自古以来出产一种名贵的石砚——端砚。它不仅石料颜色漆黑发亮，细润如玉，晶莹可爱，而且花纹美观，层次丰富，墨香四散，磨墨时悄无声息，居中国四大名砚之首。

包拯塑像

当时，皇宫里每年都要从端州挑选一些上好的石砚。有的留在宫中供皇帝使用，有的作为赏赐送给公卿大臣。贵胄、权臣、豪门、学士，都以家中存几方端砚为荣。因此，端砚也就成了历任端州地方官结交权贵、讨好上司的"敲门砖"。其时，包拯恰任端州知府。

包拯到任之后，到处张贴布告，命令工匠和作坊每年只向州衙交纳进贡的端砚，端州各级地方政府只能如数收取，不许额外多加一砚。

在三年多时间的任期内，包拯居然清廉得"岁满不持一砚归"。

因为政绩突出，包拯即将离开端州，被调往京城。听到这个消息后，当地老百姓依依不舍，纷纷前来送行。感念包拯一心为民、铁面无私，在端州做了这么多的实事好事，百姓们用家中最宝贵的粮食——糯米、绿豆，加上过节才能吃到的猪肉，制作了一种形状好像铁拳的食物，让包拯带着路上吃，这就是裹蒸。人们说，这裹蒸就像包公的铁拳。

"选举与我"辩论赛

【背景材料】

　　我国宪法赋予所有成年公民神圣而不可侵犯的选举权利,这正是社会民主的真实体现。恰逢清远市人大代表换届选举,一群中学生对此展开了激烈的讨论。

【我们的议题】

　　在选举中如何做到公正?

【我们在行动】

　　主题:请以市人大代表选举为背景,组织一场名为"选举与我"的辩论赛。

　　正方:选举,与我息息相关

　　反方:选举,与我何干

　　要求:

　　(1)能有效增强中学生的民主意识,体现公平、公正、公开。

　　(2)辩论流程有序、完整。主要包括:

　　立论——攻辩——自由辩论——总结陈词——评选获胜方和最佳辩手——公布评选结果

社会主义核心价值观所倡导的"法治"，是坚持党的领导、人民当家做主和依法治国的统一，通过建立健全全社会学习、遵守、维护、运用宪法法律的制度，始终坚持法律面前人人平等，让遵法守法成为一种良好的社会风气和自觉的行为习惯，让人民群众在法治社会中享受到自由、平等和公正。

1. 法治之绳

法度者，政之至也

卢梭说过，一切法律中最重要的法律，既不是刻在大理石上，也不是刻在铜表上，而是铭刻在公民的内心里。

法治主题公园一角

把法治贯彻到生活中，需要我们树立法治精神。常见这样的报道：一些考试即使监考人员众多，监考规则严格，技术手段先进，但各种作弊依然层出不穷。这是人们缺乏法治精神、规则意识的结果。所谓"破山中贼易，破心中贼难"，如果规则活在心中，自然会有"不逾矩"的行动约束。当遵纪守法成为一种自觉，依法办事成为一种自然，才能源源不断地释放规则的正能量。

法不阿贵，绳不挠曲

所谓"法不阿贵，绳不挠曲"，意为法律不偏袒有权有势的人，墨线不向弯曲的地方倾斜，指法律应公平公正，一视同仁。党的十九大报告指出：虽然我国法治建设已迈出重大步伐，但仍需坚持全面依法治国。全面依法治国是中国特色社会主义的本质要求和重要保障。必须把党的领导贯彻落实到依法治国全过程和各方面，坚定不移走中国特色社会主义法治道路，完善以宪法为核心的中国特色社会主义法律体系，建设中国特色社会主义法治体系，建设社会主义法治国家，发展中国特色社会主义法治理论。坚持依法治国、依法执政、依法行政共同推进，坚持法治国家、法治政府、法治社会一体建设，坚持依法治国和以德治国相结合，依法治国和依规治党有机统一，深化司法体制改革，提高全民族法治素养和道德素质。

宪法是我国根本大法

2. 法治之路

⭐ 依法治国，利在千秋

　　2019年春节期间《流浪地球》等几部热播电影上映后，出现了大规模盗版，不仅严重侵害了影视作品制作方、出品人的合法权益，而且严重影响了我国影视行业提质升级发展。各地公安机关开展了打击春节档电影侵权盗版"2·15"系列专案侦办工作，迅速查明并坚决打掉了春节档高清盗版影片线下制作源头、线上传播网络、境内外勾连团伙，实现了全案贯通的总体破案目标，取得了显著战果。

电影《流浪地球》海报

蓝丝带平安法治进万家

2018年9月，"蓝丝带平安法治进万家"活动分别走进清远市清新区龙颈镇南冲白石村、太平镇小樟山村。活动以创新的宣传方式，向群众宣传扫黑除恶专项斗争工作，将扫黑除恶声音传递到乡村一线。

喜闻乐见的表演形式，精彩诙谐的节目，吸引了众多群众围观和叫好，大家还踊跃地参与扫黑除恶知识问答环节。此外，活动还通过现场派发宣传资料、入户宣传等形式，告知群众扫黑除恶的具体内涵和表现形式，提升群众的知晓率。

2018年以来，太平镇政法部门主动出击，各级各部门通力协作，全镇扫黑除恶专项斗争取得初步成效。太平镇党委书记表示，截至2018年8月底，太平镇立案8宗，破获7宗，刑拘14人，还有一批线索在进一步排除、落实。

平安法治进万家

3.感悟与践行

模拟立法听证会

【背景材料】清远市首次举行立法听证会

2018年8月13日下午，清远市人大法制委员会、市人大常委会法制工作委员会联合组织召开《清远市村庄规划建设管理条例》立法听证会。这是清远市自2015年9月获批行使地方立法权以来，首次举行立法听证会。

立法听证是立法程序中的一个重要环节，也是依法立法、民主立法的具体体现。清远市率先在广东省地级市范围内就村庄规划管理建设立法，目的是改善本市村庄建设欠缺规划、随意占用耕地等现状，让有关部门有法可依，让老百姓依法建设新家园。

市人大常委会已对条例草案进行了两次审议，并通过网上公告、报纸公告、发出信函等方式，广泛征求社会各界意见，还通过召开法规论证会、修改座谈会，到基层实地调研，聘请专家学者修改等方式，对条例草案进行了广泛的调研论证。

【我们的议题】

假如你是听证会参与者，你会如何发表自己的意见？

【我们在行动】

（1）感知身边需要完善的法律。

（2）围绕"村庄规划建设"主题，开设模拟立法听证会，推进我国的法治建设。

童谣展播（2）

个人篇

一、爱国

中华民族有着深厚的爱国传统。从陆游的"位卑未敢忘忧国"到顾炎武的"天下兴亡，匹夫有责"，从文天祥的"人生自古谁无死，留取丹心照汗青"到鲁迅的"寄意寒星荃不察，我以我血荐轩辕"，都是强烈爱国情怀的体现。敬爱的周恩来总理曾说："为中华之崛起而读书。"当他说了并为之努力拼搏时，那股强烈的爱国之情油然而生。

1. 爱国之责

⭐ 奋不顾身，而殉国家之急

汉朝的时候，有一位历史学家叫司马迁。他祖上几辈都是国家的史官，负责记录历史。司马迁年轻时便立志继承家业，要撰写一部完整的史书。他离开长安，到各地远游，考察历史古迹，搜集到了许多珍贵的史料，其中不乏英雄豪杰和人民群众的动人事迹。

司马迁祠

多少年后，他终于完成了千古名著《史记》。这时候，他才说出了自己的想法："人都有一死，或重于泰山或轻于鸿毛，我死了有如九牛亡一毛，有什么可怕的？我是为了写这部史书而求生的呀！我不愿意我们国家的历史在我手里中断，英雄的事迹在我心中埋没。现在书写成了，就是让我死千次万次，我也不怕了！"司马迁为了中华民族的历史得到传扬，甘受屈辱。他的爱国情感多么厚重啊！

⭐ 没有国，哪有家

《国家》是由王平久填词、金培达作曲的一首歌曲。歌曲发行于 2009 年 2 月 28 日，收录于专辑《国家》。这首歌曲曾于 2012 年获得第 12 届精神文明建设"五个一工程"奖。

歌曲《国家》中有句歌词耐人寻味："一玉口中国，一瓦顶成家。"国家实力决定了国际地位的天壤之别。今天，我们该好好思考，如何表达爱国主义情感，怎样践行社会主义核心价值观，争当"四有"新人。请从珍惜幸福生活开始，从热爱学习做起，坚定不移地拥护和支持国家改革，积极主动地投身改革吧！中国梦，有你有我！中国富强，有你有我！

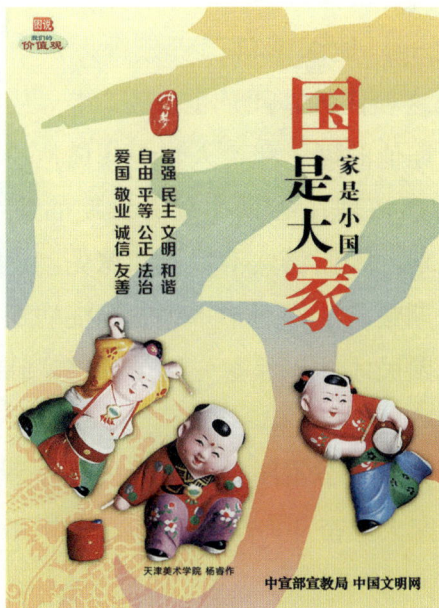

国是大家　家是小国

2. 爱国之路

两弹元勋，赢得身后名

20世纪60年代，我国的原子弹、氢弹爆炸成功，使全国人民为之振奋，使敌视中国的人震惊，极大地提高了我国的国力和国际地位。为研制两弹立下不朽功勋的正是邓稼先，这位为国舍己的科学家。

邓稼先

1958年，国家下达了研制原子弹的命令，这是一项绝对保密的工作。年轻的邓稼先被选为主要研制者之一，他深感自己责任重大，说："为了完成这项任务，死了也值得。" 从此，他开始了秘密的研制工作，连他的妻子和亲人也不知道他的真实情况。他也只能把对亲人的感情埋在心里，过着长期的独身生活。当原子弹、氢弹爆炸成功，人们仍然不知道邓稼先就是两弹元勋。直到1986年，他因长期艰苦工作而不幸患上癌症病逝后，报纸发布了他去世的消息，国民才知道邓稼先这个名字。临终前，他欣慰地说："我可以瞑目了。"

他就是邓稼先，一个不图个人名利，舍弃个人幸福，数十年默默无闻地为国家大业奋斗，却从不后悔的中国人。

⭐ 清远凤凰，精神不灭

郭南斯，生于1921年，逝于2016年，清远清新人，英籍华人，清远市荣誉市民。郭南斯始终致力于推广中国文化，终其一生，其个人创作涉及诗歌、书法、绘画、剪纸、文学、评论、舞蹈、陶瓷、家具、服装首饰设计、根雕、骨雕及石像等艺术领域，是卓越的中西文化交流大使。

郭南斯

游子难舍故乡情。在英国定居的那些年，郭南斯夫妇多次回到清远，为山区经济建设、文化事业出谋献策。郭南斯和丈夫戴维斯也分别被清远市人民政府聘请为文化艺术顾问和城乡建设顾问。1999年4月21日，是郭南斯夫妇"鸟归巢"的日子，从此致力于中外文化交流。南斯女士说："落叶归根，中国是我的根。我这飞出巢外几十年的小鸟，再飞回故乡，还带着另一只同样热爱中国的'白头鸟'！"她还表示，要将她的毕生收藏及所有个人创作艺术品无偿献给家乡，并自己出资100万元，建立郭南斯艺术馆。

2014年清远发起蓝丝带行动后，郭南斯又成为蓝丝带形象大使。同年，郭南斯艺术馆在江心岛开幕，在开幕式上，郭南斯说："从事艺术我是一生的追求，落叶归根是在外游子的愿望。"

凤凰涅槃，浴火重生。郭南斯的爱国主义精神将永不熄灭。

爱国诗词、画作创作大赛

【背景材料】

　　爱国是一个公民应有的道德，也是中华民族的优良传统。"我和我的祖国，一刻也不能分割，无论我走到哪里，都留下一首赞歌……"清远版《我和我的祖国》快闪活动在清远各地激情上演，清远人民以这种时尚方式表达对祖国的祝福，期盼祖国的明天更美好、人民的生活更美好！

【我们的议题】

　　以"我和我的祖国"为主题，谈谈青少年如何从身边小事做起，与祖国共成长。

【我们在行动】

　　主题：组织一次爱国诗词、画作创作大赛。

　　活动要求：原创；文字精炼，语言流畅，内容充实；题材、字数不限。

十九大报告中提出，"建设知识型、技能型、创新型劳动者大军，弘扬劳模精神和工匠精神，营造劳动光荣的社会风尚和精益求精的敬业风气"。敬业精神，是从业者基于对职业的敬畏和热爱而产生的一种全身心投入的认认真真、尽职尽责的职业精神状况。

二、敬业

1. 敬业之德

★ 大地之子黄大年

　　1992年，他带着科技强国的心愿，出国留学、工作，成为国际著名的航空地球物理学家。当得知祖国的召唤，他放弃国外的优厚条件，义无反顾回国填补我国在深部探测关键领域的技术空白。他惜时如金，夜以继日，用无私奉献、勇于担当的实际行动，把对祖国最深沉的爱融入生命的每一刻。他就是国际知名战略科学家、吉林大学新兴交叉学科学部首任部长黄大年。

　　为了实现祖国在科学技术上的多处弯道超车，回国7年间，黄大年带领由院士、大学校长、研究所所长等400多名高级别研究人员组成的团队协同攻关，创造了多项"中国第一"，为我国"巡天探地潜海"填补了多项技术空白。以他的团队研制出的我国第一台万米科学钻——"地壳一号"为标志，配备自主研制的综合地球物理数据分析一体化的软件系统，我国的深部探测能力已经达到国际一流水平，局部处于国际领先地位。国际学界惊叹中国正式进入"深地时代"。

　　2016年12月8日，积劳成疾的黄大年因胆管癌住进医院，打着吊瓶还在给学生答疑解难。2017年1月8日，年仅58岁的黄大年因病逝世。

当敬业成为一种习惯

袁苏妹，广东东莞人，没有上过大学，也不知道什么是"院士"。1957年起，在香港大学的大学堂宿舍先后担任助理厨师和宿舍服务员等职。她一生只学会写5个字，却被香港大学于2009年9月授予"荣誉院士"称号。她没做过什么惊天动地的伟业，只是44年如一日地为学生做饭、扫地。在颁奖台上，这位时年82岁的普通老太太被称作"以自己的生命影响大学堂仔的生命"，是"香港大学之宝"。

袁苏妹

因为她的丈夫在兄弟中排行第三，三嫂这个称谓被港大人称呼了半个多世纪。"三嫂就像我们的妈妈一样。"很多宿舍旧生都会满怀深情地说出这句话。当然，就像描述自己母亲时总会出现的那种情况，这些年过半百、两鬓斑白的旧生，能回忆起的无非都是些琐碎的小事。然而，就是这样一个在凌晨的饭堂里独自拖地的驼背老人的背影，让许多学生总"不敢忘记"。

这位从没摸过教材的老人，压根儿不曾想到，自己会成为大学堂"迎新教材"的一部分。在名为"宿舍历史"的课程中，每年新生都要学习宿舍之歌："大学堂有三宝，旋转铜梯、四不像雕塑和三嫂。"

2. 敬业之路

⭐ 向秀丽：用生命诠释职业道德

向秀丽（1933年5月13日—1959年1月15日），祖籍广东清远，出生于广州市一个贫苦家庭。12岁进火柴厂当童工，新中国成立后，先后在广州市和平制药厂、何济公制药厂当包装工人。

向秀丽

1958年12月31日，向秀丽和两个当班的同事值晚班时，一瓶无水酒精突然脱手往下滑，瓶身破裂，酒精倒泻一地，向四周流去，因受附近制药用的正在燃烧的10个煤炉热辐射，酒精迅速燃烧起来。此时如不及时救熄，将会引起不远处60多公斤易燃易爆的金属钠爆炸。一旦金属钠爆炸，将会波及整个厂区及附近居民区。

此时，向秀丽奋然用自己的身躯扑向燃烧的酒精，与烈火展开殊死搏斗，最终避免了一场恶性爆炸事故的发生。而向秀丽就被大火严重烧伤，烧伤面积达67%，其中二、三度烧伤占65%。她在医院休克了三天三夜，醒来后的第一句话就是问工厂的损失和同事们的安全情况。最后她因伤势严重而牺牲，终年25岁。同年1月18日，中共广州市中区委员会举行隆重的追悼大会。同年，广州市人民政府追认她为革命烈士。

⭐ 立足岗位做贡献

陈建雄，男，广东连州人，中共党员，曾任连南扶贫办党组成员、副主任，2016年5月起兼任县驻大坪镇扶贫工作组副组长、驻大坪镇大古坳村第一书记。2017年11月28日，陈建雄于大古坳村联系群众和指导村的工作后，在开车返回连南县城途中不幸发生车祸，经抢救无效逝世。

陈建雄

连南扶贫办对陈建雄的评价是："陈建雄同志是我县脱贫攻坚工作中涌现出来的基层扶贫工作者的杰出代表，是学习贯彻党的十九大精神、全心全意为人民服务的优秀典范。他用宝贵的生命，生动展示了新时期共产党人的良好形象和精神风貌，诠释了一名共产党员的坚强党性。"

3.感悟与践行

"劳动光荣"演讲比赛

【背景材料】

2018年,清远市总工会开展"网聚职工正能量,争做清远好网民"系列活动之"弘扬劳模精神,汇聚奋进力量"线上宣传活动。

同年10月23日,习近平总书记在英德市考察调研指出,全面小康路上一个不能少,脱贫致富一个不能落下。要一代接着一代干,既要加快脱贫致富,又要推动乡村全面振兴、走向现代化。清远市总工会围绕乡村振兴战略部署,组织实施农民工助力乡村振兴七大行动,要求广大工会干部主动成为乡村振兴战略的宣讲者、推动者、参与者;积极引导、支持和鼓励包括农民工在内的广大职工群众,投身家乡建设,动员社会力量广泛参与乡村振兴工作。

【我们的议题】

在清远,我们如何践行劳动光荣,弘扬劳模精神?

【我们在行动】

活动主题:"劳动光荣"演讲比赛

要求:

(1)时间控制在10分钟内。

(2)演讲内容要求歌颂劳动光荣,紧扣主题,健康向上,富有时代感。

三、诚信

诚信即诚实守信，基本含义是守诺、践约、无欺。通俗地表述，就是说老实话、办老实事、做老实人。《左传》云："信，国之宝也。"从国家层面来说，诚信是为政之基，是治国的根本法宝。《孟子·离娄上》云："诚者，天地之道也；思诚者，人之道也。"诚信之道是维持人类社会发展秩序的基础。作为一名合格公民，应该把诚信作为自己的第二个"身份证"，即待人处事真诚、老实、讲信誉，一诺千金。

1.诚信之道

商鞅徙木立信

战国时期，商鞅想要实施变法图强政策。当时法令已经完备，还没有公布，商鞅恐怕百姓不信任，便在国都市场南门立下一根三丈长的木杆，招募百姓，能够搬到北门的就赏给十镒黄金。百姓对此感到惊讶，没有人敢去搬木杆。商鞅就又宣布命令说："能够搬过去的就赏给五十两黄金。"有一个人将信将疑地把木杆搬到北门，商鞅立即赏给他五十两黄金，以表明没有欺诈。他因此终于取得百姓信任，并顺利实施了变法。

在中国传统文化中，诚信被视为立人之本、齐家之道、为政之法。同时，更是经济发展、社会和谐之根基。所以，在中国历史上，因诚信而流传的故事比比皆是。如：曾子杀猪践诺，教育孩子不能言而无信；张良守时，遂得黄石公之教；季布一诺重于千金，而有朋友助其免于灾祸……他们真实诚恳、以信取人，做到言必信、行必果，一言九鼎，成为中国社会生活的基本规范。

魏文侯不爽约

魏文侯是战国时代魏国的第一个国君，由于他处处诚信待人，无论当官的还是普通百姓，都敬重他，魏国因此迅速强大起来。

有一次，他和管理山林的人约定，次日下午到郊外去打猎练兵。到了次日，下朝后举行宴会，魏文侯准备在宴会一结束，就去打猎练兵。可是，宴会快结束的时候，天上忽然下起了瓢泼大雨，眼看着快到中午了，雨还是不停，而且越下越大，魏文侯起身对席间的众臣说："对不起，我要告辞了。赶快准备车马，我要到郊外去打猎练兵，那里已有人在等我了。"众臣一见国君要冒雨出门，都走上来劝阻。这个说："天上下着这么大的雨，怎么能出门呢？"那个说："去了也无法打猎练兵！"魏文侯看看天色说："打猎练兵是不成了，可是得告诉一下那位管理山林的人哪！"众臣中有一位自告奋勇的人说："那好，我马上去告诉他。"魏文侯把手一摆说："慢，要告诉得我自己去。昨天是我亲自跟人家约定的，如今失约，我要亲自跟人家道歉才行。"说完大步跨出门外，顶着大雨往管理山林人的住处去。

魏文侯为什么顶风冒雨去践约呢？诚信守诺对他而言，重于泰山，所以风雨不能阻，众言不能劝。

守约是一种美德，是自身最宝贵的无形资产，是每个人的立身之本；守约是一种责任，不仅要对自己负责，还要对他人负责。守约是一种友善，只有以诚待人，他人才能感到你的友善。否则，人而无信不知其可也。

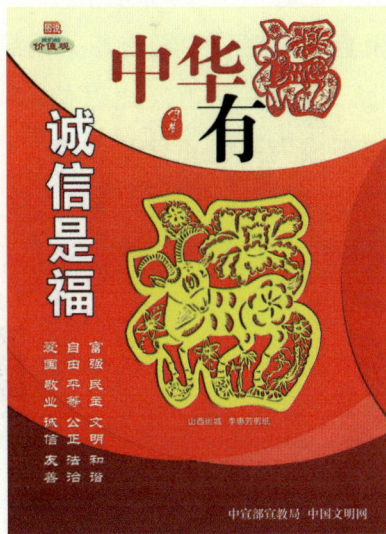

诚信是福

2.诚信之路

"网上温州诚信馆"

改革开放以来,温州曾遭遇了假冒伪劣产品、借贷信用危机等风波,但同时也以设立信用日、启动"网上温州诚信馆"等一系列创新举措,重塑温州信用。

网上温州诚信馆设置有"诚信故事""信用知识""互动留言"等多个板块。通过收录诚信故事,展示当地与诚信相关的人物、故事。网友轻点鼠标,不仅可以了解故事的详细内容,还可以为自己赞赏的诚信故事和行为点赞。在诚信馆的首页设置了"诚信是金"四个字的按钮,网友进入诚信馆之后,点击该按钮,可以实时显示点赞的数量。

另外,网上温州诚信馆还设置了"信用知识"板块,"个人信用信息数据相关知识""如何解读个人信用报告"等文章详细地记录信用相关知识,以便网友随时查阅。在"互动留言"区域,网友可以通过微博或在线留言,提供更多的诚信故事和线索,发表感想和留言。另外,在"企业信用查询"栏目中输入相关信息,可以查询企业的信用状况。

目前,网上温州诚信馆正成为网上正能量集聚地和网民诚信示范基地,是网上诚信和网络正能量的重要传播载体,有力推动了温州各级政府的信用建设。

诚信

⭐ 诚信即心灵的开放

在中华民族几千年的文明史中，诚信始终作为一种"善德"为社会各阶层所推崇，是个人修身立命齐家治国之基础。

在清远市清新区禾云镇鱼坝市场和鱼咀市场每天都上演着一种"无人菜摊"的诚信经营模式：村民把扎好的蔬菜放竹篮里，在竹篮上挂一个塑料瓶，标上价格，就可放心地把菜摆到街上。顾客不用询价，不用讲价，只要根据标价将零钱放入塑料瓶中，就可自助选购蔬菜，而菜钱哪怕24小时放在那里也从未丢过。这种自发形成的比坐公车自觉投币还直接的买卖方式在鱼坝片市场上演了数十年之久。村民们用2元买卖的好习惯传承着当地村民的淳朴民风，发挥着诚信的社会正能量。

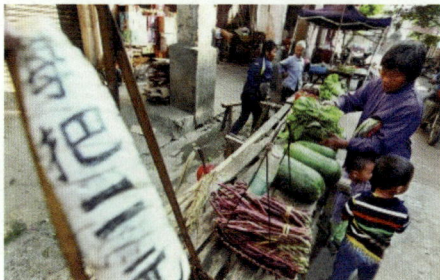
"无人菜摊"

诚信是中华民族的优良传统，诚信是做人或做事的道德核心。有了诚信，才有更多光明；有了诚信，才有更好的未来。我们要让整个世界充满诚信，让世界变得更加和谐温暖起来。

清远市中小学生
践行社会主义
核心价值观读本
SHEHUIZHUYI
HEXINJIAZHIGUAN

3. 感悟与践行

"建文明城市，规范快递业"调查报告

【背景材料】

"某女快递员因少一个芒果下跪"和"某快递员被投诉，吃安眠药欲自杀"事件中两位快递员的极端行为，引发了广大网民对"诚信"话题的热议，同时将快递行业客户和快递员之间投诉纠纷的尖锐矛盾推向了舆论的风口。

【我们的议题】

如何有效处理快递员与客户之间的矛盾？

【我们在行动】

请以"建文明城市，规范快递业"为主题，通过调查、走访快递业管理部门负责人、快递员和快递行业客户等方式，探究规范快递业的可行性解决方法并形成调查报告。

友善，即与人为善，是公民优秀的个人品质，是构建和谐人际关系和社会关系的道德纽带，更是维护健康良好社会秩序的伦理基础。我们要善待亲友、他人、社会和自然，以真诚和善的心与人相处，助人为乐，以开明包容的态度顺应自然，构建社会和谐。

1. 友善之心

君子莫大乎与人为善

《孟子·公孙丑上》中说："取诸人以为善，是与人为善者也。故君子莫大乎与人为善。"其意思是，学习别人的优点来提高自己善良的品德，就是帮助别人行善，有道德的人最优秀的特征就是帮助天下的人行善。

舜帝雕像

五帝中的舜在母亲去世后，受尽折磨。舜的父亲、继母和继母生的弟弟都不喜欢舜，常常挑刺、找茬，总想置舜于死地。可是，舜每次都是先躲起来，再出现，然后对待家人更加友善、谦恭、有礼。面对家人的百般刁难，舜始终保持宽容大度，不计小怨。正是因为他的友善与才能，才让尧帝下定决心让他做自己的接班人。

高山流水遇知音

相传，一天晚上，先秦的琴师俞伯牙乘船游览，面对清风明月，他思绪万千，于是又弹起琴来，琴声悠扬，渐入佳境。忽然听见岸上有人叫绝。伯牙闻声走出船来，只见一个樵夫站在岸边。他知道此人是知音，当即请樵夫上船，兴致勃勃地为他演奏。伯牙弹起赞美高山的曲调，樵夫说道："真好！雄伟而庄重，好像高耸入云的泰山一样！"当他弹奏表现奔腾澎湃的波涛时，樵夫又说："真好！宽广浩荡，好像看见滚滚的流水，无边的大海一般！"伯牙兴奋极了，激动地说："知音！你真是我的知音！"这个樵夫就是钟子期。从此二人成了非常要好的朋友。两人分别约定，第二年的同一天还在这里相会。

第二年，伯牙如期赴会，却久等子期不到。于是，伯牙就顺着上次钟子期回家的路去寻找。半路上，他遇到一位老人打听伯牙的家。这一打听才知道，原来，这位老人正是子期的父亲。老人告诉伯牙，子期又要砍柴又要读书，再加上家境贫寒，积劳成疾，已经在半月前去世了。子期去世时担心伯牙会这在里久等，叮嘱老人一定要在这一天来通知伯牙。

伯牙听到这个消息后悲痛欲绝，随老人来到子期的坟前，抚琴一曲哀悼知己。弹完，他就在子期的坟前将琴摔碎，并且发誓终生不再抚琴。自此，高山流水遇知音，伯牙摔琴谢知音的典故就产生了。后来，有人称颂他们的友情，就在这里筑馆纪念，称为琴台。现琴台东对龟山，西临月湖，成为武汉著名古迹胜地。

武汉古琴台

2.友善之路

请让我来帮助你，就像帮助我自己

2011年10月13日，2岁多的小悦悦在广东佛山五金城一街道先后被面包车和小轿车两次碾压，18名路人从她身边走过却未施以援手，直到当时正在拾荒的陈贤妹出现。

陈贤妹，清远阳山人，事发当天她刚好经过小悦悦被撞的地方，远远看到孩子躺在地上，她马上把孩子抱到路边并找到孩子母亲。就是这个平凡的举动让一个普通的农村阿婆受到众多媒体的关注，成为人们心目中的最美婆婆。

事实上小悦悦只是她帮助过的许多人中的一个，帮人救人似乎是陈贤妹生活的常态：老人摔倒时她会扶起来送回家；三轮车翻车时她会帮忙捡起散落一地的水果，小孩落河时她会跳水救人……她已经数不清究竟有多少次在别人危难时伸出过援手。

"我帮助别人很平常，不是想别人会报答我什么，我不需要的。救回别人也救回自己，自己心里也安乐。看到别人倒在地上不去救，自己心里过意不去。"这位最美婆婆一直用最平凡的动作彰显着人性之美。

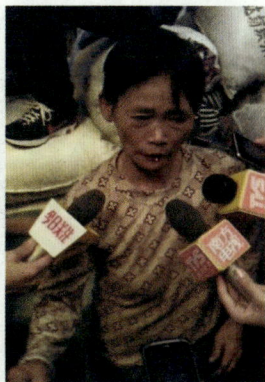

陈贤妹

勿以善小而不为

"勿以善小而不为"出自《三国志·蜀书·先主传》（裴松之注）。这是刘备临终前给其子刘禅的遗诏中的话，告诫他好事要从小事做起，积小成大，不要因为好事小而不做，小善积多了就成为利天下的大善。

勿以善小而不为。校园里的一次关灯，为别人开门，一个微笑，一次肯定，一句你先来……虽然是善小之举，举手之劳，却能换来谅解、和睦、友谊。一件善事，也许对你而言，只是一个不经意的行为，而对他人，很可能使之发生天翻地覆的变化。油漆工在漆船时顺手补好了船底的漏洞，挽救了一船人的性命。最美妈妈接住了坠楼的小孩，她说这是本能。"不积跬步，无以至千里，不积小流，无以成江海。"生活也是这样，小的善意举动往往会有大的收获。尽己所能，与人为善，何乐而不为？

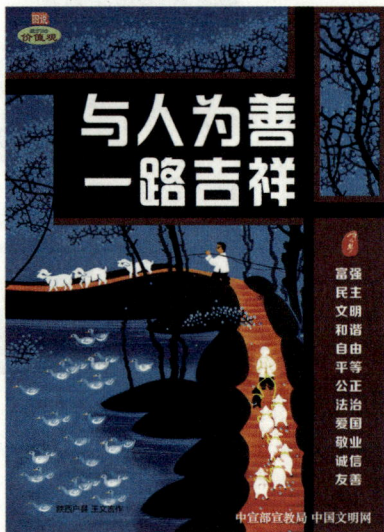

与人为善

迎客歌

3. 感悟与践行

志愿者服务方案计划表

【背景材料】

　　伍慧君，2000年出生的她是清新区三坑镇人，清远市第一中学学生。日常生活中，她以雷锋同志为榜样，乐于助人，阳光上进，热心社会公益事业。

　　她于2014年成为了启智服务总队志愿者会员和启智流浪救助服务分队志愿者会员，同年8月到"流浪猫狗一家"帮忙卫生清理；还参加了第九届残疾人运动会的志愿服务活动，布置场地及维持运动会秩序、指引工作长达35小时；多次到"爱心之家"流浪猫狗服务驿站服务。她经常到白云图书馆整理书籍，还到信孚慈爱院给予孤儿帮助，通过为他们提供表演的舞台、教他们做手工等方式给他们带去温暖。

　　伍慧君希望在读大学后仍继续做志愿服务。"让帮助别人成为一种习惯，成为意识上的东西。"伍慧君说，做志愿者不仅帮助了别人，更让她收获了快乐和感动，收获了很多友情，"我国是文明之邦，如果人人都能奉献出自己的一份力量，最后就会凝结成一股强大的力量，推动社会前进、发展。"

【我们的议题】

　　要学会友善待人，就要做志愿者，对吗？

【我们在行动】

　　主题：请寻找1—2名所在学校或社区中需要帮助的人，再以四人小组为单位，制订一个志愿者服务方案计划表，然后付诸行动。

　　要求：

　　（1）方案必须有明确的时间、目标。

　　（2）方案项目、流程具体清晰，切实可行。

　　（3）列明注意事项，杜绝安全隐患。

后记

　　党的十八大以来，党中央高度重视社会主义核心价值观建设，中共中央印发了《社会主义核心价值观融入法治建设立法修法规划》《关于实施中华优秀传统文化传承发展工程的意见》等文件。为进一步推动社会主义核心价值观进教材、进课堂、进头脑，2017年10月，由清远市教育局牵头、清远市教育教学研究院组织，一批市直学校、清新区的骨干政治教师编印了清远版《践行社会主义核心价值观》中小学读本。该读本的印发，扩大了社会主义核心价值观教育的影响，对加强青少年的社会主义核心价值观培育和践行、创建全国文明城市具有重要意义。

　　习近平总书记在党的十九大报告中深刻阐述了社会主义核心价值观的丰富内涵和实践要求，将坚持社会主义核心价值体系作为新时代坚持和发展中国特色社会主义的基本方略之一。

　　为顺应新时代发展，我们根据十九大精神对读本进行了修订，创新了呈现形式，并以正式出版物的形式进行了升级，定名为《清远市中小学生践行社会主义核心价值观读本》（分为小学版、中学版两册）。在修订过程中，我们补充了党的十九大对于我国社会主义发展的新判断、新理念、新思想等内容，融合创新精神，进一步体现清远在文化建设、民族团结和经济发展等方面的巨大成就，突出了清远特色，让学生更加热爱清远，认同、热爱中华优秀传统文化。

本书由李雄飞、莫志科、徐惠、温伟标主笔，其中"国家篇"的"富强""民主"由陈红执笔，"文明""和谐"由罗伟青执笔；"社会篇"的"自由"由温伟标执笔，"平等"由黄艺执笔，"公正"由李会英执笔，"法治"由黄秀珍执笔；"个人篇"的"爱国"由汤丽嫦执笔，"敬业"由刘志坚执笔，"诚信"由邹锦花执笔，"友善"由林彩明执笔。

由于时间仓促，能力水平有限，书中肯定有不足之处，敬请各位读者不吝赐教。

编写组

2019 年 6 月

清远市中小学生
践行社会主义核心价值观读本

SHEHUI ZHUYI
HEXIN JIAZHIGUAN

清远市教育局◎编著

编委会主任	张玉兰
编委会副主任	高常立　贾圣广　梁伟明
编　　委	刘耀坚　王振华　邓溯明
	陈劲松　肖光辉　陈伟全
主　　　编	李雄飞
副　主　编	莫志科　徐　惠　邹锦花
编写人员	温伟标　陈　红　罗伟青
	黄　艺　黄秀珍　汤丽嫦
	刘志坚　李会英　林彩明

广东旅游出版社
GUANGDONG TRAVEL & TOURISM PRESS
中国·广州

图书在版编目（CIP）数据

清远市中小学生践行社会主义核心价值观读本：小学版 ／ 清远市教育局编著. —广州：广东旅游出版社，2019.9
ISBN 978-7-5570-2005-7

Ⅰ. ①清… Ⅱ. ①清… Ⅲ. ①社会主义建设—价值论—中国—小学—课外读物 Ⅳ. ①G631.2

中国版本图书馆CIP数据核字(2019)第174431号

清远市中小学生
践行社会主义核心价值观读本 小学版　　清远市教育局◎编著
QINGYUAN SHI ZHONGXIAOXUESHENG
JIANXING SHEHUI ZHUYI HEXIN JIAZHIGUAN DUBEN XIAOXUE BAN

出 版 人：刘志松　　　　　责任编辑：翟小侃　蔡　筠
责任技编：冼志良　　　　　责任校对：李瑞苑
装帧设计：南风视觉

出版发行：广东旅游出版社
地　　址：广州市越秀区环市东路338号银政大厦西楼12楼
经　　销：全国新华书店
印　　刷：广州市尚铭印刷有限公司
地　　址：广州市白云区清湖村富贵二路11号
邮　　编：510440
电　　话：020-36749805
开　　本：787 mm×1092 mm　1/16
印　　张：3.25
字　　数：35千字
版　　次：2019年9月第1版
印　　次：2019年9月第1次印刷
定　　价：28.00元（全2册）

如发现印装质量问题，影响阅读，请与承印厂联系调换。

前言

　　党的十八大提出，倡导富强、民主、文明、和谐，倡导自由、平等、公正、法治，倡导爱国、敬业、诚信、友善，积极培育和践行社会主义核心价值观。我们倡导的社会主义核心价值观，是集社会主义的指导思想、理想信念、民族精神与时代精神、荣辱观为一体的思想文化体系。培养和践行社会主义核心价值观，既是国家治理的重要举措，又是迎接挑战的必然之举，关系到中国特色社会主义事业的成败。

　　社会主义核心价值观鲜明地回答了在新的历史条件下，我们党应该用什么样的精神旗帜团结带领全体人民开拓前进、中华民族应该以什么样的精神状态屹立于世界民族之林的重大问题。它为发展中国特色社会主义提供强大的精神动力和思想保证，体现了古圣先贤的思想，体现了仁人志士的夙愿，体现了革命先烈的理想，也寄托着各族人民对美好生活的向往。只要是中国人，就应该自觉培养和践行社会主义核心价值观。

本套书以中华优秀传统文化和发生在同学们身边的、具有鲜明时代特色的新鲜事例为出发点，以社会主义核心价值观为立足点，通过深入浅出的阐释、丰富多样的事例和多种形式的活动，让同学们了解社会主义核心价值观在生活中的各种体现，理解社会主义核心价值观的深刻内涵与时代意义，并能在学习和生活中自觉践行。读本主要以"例说"的形式，分为"国家篇""社会篇"和"个人篇"三大部分，每部分包含四个相应的关键词。

　　本套读本在介绍社会主义核心价值观的同时，十分重视展示清远文化的优秀成果、清远传统民俗和改革开放的巨大成就等清远特色素材。

　　期待广大青少年能从这套书中得到一些启发，提高思想道德修养，做践行社会主义核心价值观的表率，为实现中华民族伟大复兴的中国梦增添青春正能量。

编写组
2019 年 6 月

目录

⭐ **国家篇**

一、富强

张骞：丝绸之路的开拓者 / 02

"一带一路"重振中华 / 03

我思我行 / 04

二、民主

沈钧儒：民主进步，一生追求 / 05

民主战士：闻一多 / 06

我思我行 / 07

三、文明

六七千丈：行事交友礼先行 / 08

清远市文明公约 / 10

我思我行 / 11

四、和谐

将相和 / 12

承载和谐的青藏铁路 / 14

我思我行 / 15

⭐ **社会篇**

一、自由

庄子钓于濮水 / 18

自由：约束人们的一个圆圈 / 19

我思我行 / 20

二、平等

周总理与身边的工作人员 / 21

一支铅笔卖出的尊严 / 22

我思我行 / 23

我自清远来
（简谱）

我自清远来
（视频）

三、公正

公其心，万善出 / 24

公平正义的守护神 / 25

我思我行 / 26

四、法治

天下之程式，万事之仪表 / 27

法制先进人物任长霞 / 28

我思我行 / 29

★ 个人篇

一、爱国

林则徐虎门销烟 / 32

"铁军军长"陈可钰 / 33

我思我行 / 34

二、敬业

敬业是一种能力 / 35

忠于职守是美德 / 36

我思我行 / 37

三、诚信

鱼坝圩的传奇 / 38

谎言开不出灿烂的花朵 / 39

我思我行 / 40

四、友善

桐城六尺巷 / 41

感动中国的清远老婆婆 / 42

我思我行 / 43

★ 学习笔记 / 44

★ 后记 / 45

2

国家篇

我和我的祖国
（音频）

我有一个梦，富强中国梦。

华夏子孙盛，九州仁义同。

——节选自杨思晴《我的中国梦》

张骞：丝绸之路的开拓者

张骞（前164—前114年），字子文，汉中郡城固（今陕西省汉中市城固县）人，中国汉代杰出的外交家、旅行家、探险家。张骞富有开拓和冒险精神，汉建元二年（前139年），奉汉武帝之命，率领一百多人出使西域，打通了汉朝通往西域的南北道路，即赫赫有名的丝绸之路，汉武帝以军功封其为博望侯。张骞是丝绸之路的开拓者，被誉为"第一个睁开眼睛看世界的中国人"。他将中原文明传播至西域，又从西域诸国引进了汗血马、葡萄、苜蓿（mù xu）、石榴、胡麻等物种，促进了东西方文明的交流。

张骞雕像

"一带一路"重振中华

2013 年 9 月和 10 月，中国国家主席习近平在出访中亚和东南亚国家期间，先后提出共建"丝绸之路经济带"和"21 世纪海上丝绸之路"的重大倡议，得到国际社会高度关注。

祖国发展日新月异，蒸蒸日上，富强成为了国家的关键。人们都说少年强则国强，我们是祖国的花朵，是祖国的明天，我们的实力决定了中国在世界上的位置。我们现在能做的就是好好读书，将来成为栋梁之材。

海上航运

我思
我行

干净舒适的民宿、可观赏采摘的水果园，经过一年多的时间，连州九陂镇飞鹅岭村于2018年4月成功创建清远市美丽乡村"示范村"。目前，该村正申报创建"特色村"，规划建设后山公园，打造四合院民宿项目，建设20多亩采摘园，发展采摘和民宿相结合的休闲乡村旅游模式。

不仅仅是飞鹅岭村，连州多个乡村都在改善村容村貌，并依托自身的优势资源发展当地产业。2018年，连州通过清远市2018年度第一期"美丽乡村"验收的有153个村，其中整洁村4个，示范村146个，特色村3个。

根据清远市创建"美丽乡村"任务规划，到2022年年底，全市60%以上行政村达到美丽宜居村标准，全市建成50个以上特色精品村，示范县、镇、村达到年度创建要求。

【议一议】

我能为清远市"美丽乡村"建设做些什么呢？

【齐行动】

收集清远市"美丽乡村"建设的图片案例，整理它们的共同之处。

长鼓土炮响起来，讴歌游神打三怪。

瑶民携手绘蓝图，瑶山盛世乐开怀。

——节选自朱江艳《耍歌堂》

沈钧儒：民主进步，一生追求

沈钧儒

1949 年 10 月 1 日，中华人民共和国开国大典在天安门城楼隆重举行，一张珍贵的照片见证了这一重要历史时刻。照片中一位银髯飘逸的老者站在毛主席左后方，他身材清瘦，优柔儒雅而凛然威严。

他就是原中国民主同盟中央主席、新中国第一任最高人民法院院长沈钧儒。

这位跨越晚清、民国和新中国三个时代、历尽沧桑、饱经忧患的老者，为反对帝国主义的侵略和封建专制主义的压迫，建立一个独立自由、民主富强和法治的新中国奋斗了一生。

他救国救民的意志如石似钢，威武不屈，富贵不淫；他以"活到老，学到老，改造到老"的精神，严格要求自己，从一个科举出身的进士成为一个伟大的民主主义者，进而成为一位杰出的党外共产主义战士，献身于崇高的共产主义事业。

他一生所走过的光辉道路，使今人受到宝贵的教益。

民主战士：闻一多

闻一多（1899 年 11 月 24 日—1946 年 7 月 15 日），本名闻家骅，字友三，生于湖北省黄冈市浠水县，毕业于清华大学。他是中国现代伟大的爱国主义者，坚定的民主战士，中国民主同盟早期领导人，中国共产党的挚友。1945 年 12 月 1 日，云南昆明发生国民党当局镇压学生爱国运动的"一二·一惨案"，闻一多亲自为死难烈士书写挽词："民不畏死，奈何以死惧之"，号召"未死的战士们，踏着四烈士的血迹"继续战斗，并撰写《"一二·一"运动始末记》揭露真相。

闻一多

民主战士闻一多是在 1946 年 7 月 15 日被国民党特务暗杀的。在这之前，朋友们得到敌人要暗杀他的消息，劝告他暂时隐蔽。他毫不在乎，照常工作，而且更加努力。明知敌人要杀他，在被害前几分钟还大声疾呼，痛斥国民党特务，并握拳宣誓："我们有这个信心：人民的力量是要胜利的，真理是永远存在的！"

我思我行

建设美好的社会需要我们每个人有一定的民主素养、民主习惯，形成主人翁意识。在我们的班级里也能体现民主，那就是班委会。

【议一议】

在我们的身边，不管是班干部选拔，还是校园各类比赛，都让我们切身感受到了校园民主的存在，请说说它的好处。

【齐行动】

假如你是班干部，请写下你会为班级做什么。

我要这样帮助同学们学习：＿＿＿＿＿＿＿＿＿＿＿＿；

我会这样管理班级事务：＿＿＿＿＿＿＿＿＿＿＿＿；

我会和老师一起：＿＿＿＿＿＿＿＿＿＿＿＿；

我会和同学一起：＿＿＿＿＿＿＿＿＿＿＿＿。

三、文明

文明之花开满枝，文明用语要记牢。
见到长辈问声好，见到同学要说早。
乘坐公交到学校，先下后上要礼貌。
顺序走出教室门，上下楼梯靠右行。

——节选自肖咏仪《文明谣》

六七千丈：行事交友礼先行

相传，有一个商人去苏州做生意迷了路，忽然看到不远处有一位放牛的老翁。他急忙奔过去问道："哎！老头，从这里去苏州走哪一条路啊？还有多少路程？"

老翁听了心里不高兴，随手指了一条路，说："走中间那一条路吧，那是最近的。这里离苏州不远，大概还有六七千丈。"

本来听到走中间的路，商人很兴奋，但是听到"六七千丈"时，他感到一丝奇怪，又问老翁："哎！老头，你们这个地方判断路程怎么不是论里而是论丈呀？"

老翁慢慢回答："我们这个地方一向都是讲礼（里）的，可是自从这里来了一个不讲礼（里）的人后，就不讲礼（里）了！"说完，老翁就牵着牛摇着头慢悠悠地离开了。

　　商人沿着老翁指的那条路前行，可是走了好久都没有看到一户人家，反而越发荒凉。正在这时，商人看到一个砍柴人，他连忙上前问道："去苏州是走这条路吗？"柴夫不冷不热地说："照你这个方向走，几天几夜也到不了苏州！你这是往相反的方向走。"说完柴夫就走了。商人听后，气急败坏，觉得老翁是故意整他的，不禁大骂起老翁来。可是，忽然间，他像是想起什么似的，随后若有所悟地说了一句："原来，老人是在惩罚我没有礼貌啊！"

文明道德

"态度决定方圆"

文明

文明道德　缺"一"不可

中宣部宣教局　中国文明网

讲文明　树新风

迎客歌
（视频）

清远市文明公约

热爱祖国	建设清远	关心公益	助人为乐
崇德守礼	举止文明	绿色出行	保护环境
敬业向上	友善互助	孝老爱亲	家和邻睦
崇尚科学	移风易俗	弘扬正气	见义勇为
遵纪守法	重诺守信	勤俭节约	健康生活

图说我们的价值观

文明 敬老
五千载 最闪光

富强 民主 文明 和谐
自由 平等 公正 法治
爱国 敬业 诚信 友善

图说我们的价值观

我思我行

清远市创建文明城市和建设美丽乡村，是清远市委市政府的一项重大决策，是落实科学发展观、构建和谐社会的具体实践；是一件符合市情民意、惠及百姓的实事好事。通过创建文明城市，可以有效提升城市品位，完善城市功能，改善市民生活质量，提高市民文明素质。参与清远创文在于行动。

创文有我

【议一议】

请说说你准备怎样参与到清远创文的活动中。

【齐行动】

在家里：_____；

在学校：_____；

在马路：_____；

在景区：_____；

在公共汽车上：_____。

嘻嘻嘻，哈哈哈，大家都来学壮话。

脸叫那，腿叫尬，

碗叫弯，锅叫挂，

山叫挠，花叫袜，

蛇叫挡，狗叫骂。

姐姐叫阿达，伯母叫阿巴，

奶奶叫阿牙，外公叫阿大。

固蒙蝶，我你他，

嘻嘻哈哈就学会了。

——选自莫艳莹《大家都来学壮话》

将相和

　　廉颇嫉妒蔺相如的才华，在众人面前诋毁蔺相如，后来蔺相如对门客们说了这么一句话："依你们看来，是廉将军厉害呢，还是秦王厉害呢？"门客们说："当然是秦王厉害了。"蔺相如说："对了，秦王这样威焰万丈，我却在朝堂上斥责他，侮辱他的臣子们，难道我就单独害怕一个廉将军吗？不过我想，强暴的秦国之所以不敢对赵国用兵，正是因为有廉将军和我两个人在啊！如果我们两个发生冲突，那情势发展下去，一定不能一起生存，这正合秦国的心意。我对廉将军一再退让，正是以国家利益为重，把私人恩怨的小事抛在脑后啊！"后来，廉颇听到了这些话，羞愧地背着荆条亲自到蔺相如家去谢罪。

蔺相如雕像

童谣展播
（视频）

承载和谐的青藏铁路

青藏铁路

青藏铁路穿越了可可西里、三江源、羌塘等中国国家级自然保护区。对此，青藏铁路从设计、施工建设到运营维护，始终秉持"环保先行"理念，如为保障藏羚羊等野生动物的生存环境，铁路全线建立了 33 个野生动物专用通道；为保护湿地，在高寒地带建成世界上首个人造湿地；为保护沿线景观，实现地面和列车的"污物零排放"；为改善沿线生态环境，打造出一条千里"绿色长廊"。这些独具特色的环保设计和建设运营理念，也使青藏铁路成为中国第一条"环保铁路"。

我思我行

远亲不如近邻，邻居间每天多打个招呼，多互助一次，多一份沟通，多分享一些趣事和美食，生活就会变得更加安宁、欢乐。

【议一议】

作为社区和谐小卫士，我们可以做点什么？

【齐行动】

请制作一张和谐小区连心卡，让邻里沟通更方便更温暖吧。

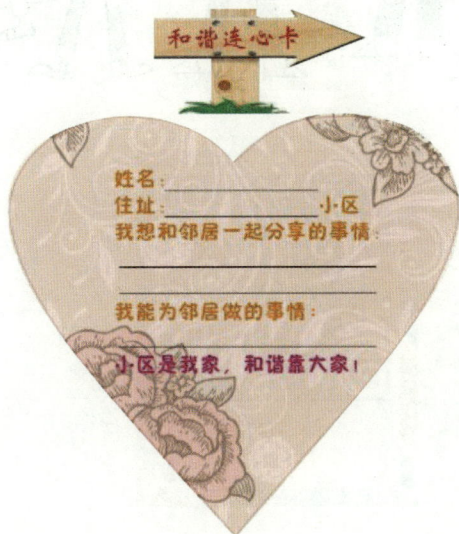

和谐连心卡

姓名：
住址：_____小区
我想和邻居一起分享的事情：
_____

我能为邻居做的事情：

小区是我家，和谐靠大家！

童谣展播
（视频）

社会篇

一、自由

美凤城，要自由。
我们和谐一家亲，
共创辉煌展宏图。

——节选自郑美玲《伟大的梦——中国梦》

庄子钓于濮水

有一天，庄子在濮（pú）水边上钓鱼，正好楚王派来两位大臣，要请庄子到他的朝中做楚国的宰相。庄子一点也不动心，仍旧握着钓竿，反问那两位大臣："我听说贵国有只神龟，已经死了三千年了，楚王还一直将它供奉在庙堂上。你们想想，那只神龟，是愿意死了被供起来，还是宁愿活着在地上自由地爬来爬去？"两位大臣都说："宁愿活着在地上爬。"

庄子满意地说："是啦！你们请回吧！我也宁愿在地上自由自在地走。"

庄子画像

自由：约束人们的一个圆圈

我们都渴望自由，但自由不是无条件的"自由自在"，它需要我们做到自我约束、体谅他人，才能让大家在自己的空间里，享受到自由的美好。

临沂一少年曾在 QQ 群散布地震谣言，这则谣言迅速在临沂网友圈传播开来，引发网民恐慌，造成不良影响。临沂网警根据线索，找到了谣言的源头李某。由于李某系不满 16 周岁的未成年人，本着教育保护原则，民警依法对其进行批评教育，并责令家长对其加强管教。

自由是相对的，不是绝对的。自由应建立在不伤害他人，不破坏或消极影响社会，不损害国家及民族的前提上。

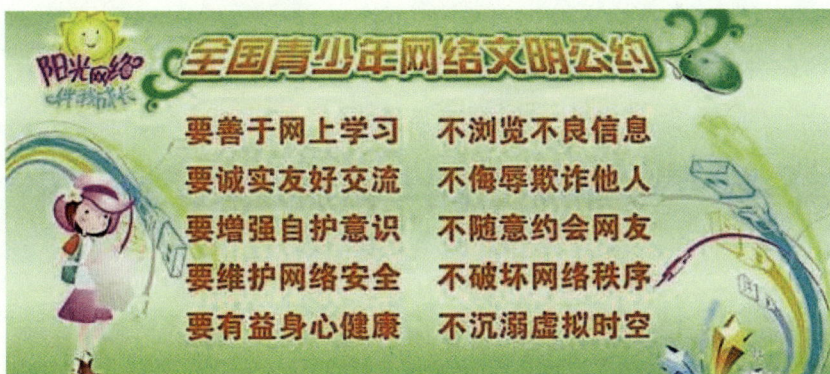

规则下的自由

"你知道我在学校最喜欢去的地方是哪里吗？是厕所。在厕所里没有老师管着，也没有值日生看着，最自由了。"某小学生这样对爸爸说。

【议一议】

自由，就是没有老师管着，也没有值日生看着。

【齐行动】

设计一份关于"什么是自由"的调查问卷，不少于5道相关问题，在校内对同学进行抽样调查。

富强民主是首要，文明和谐讲礼貌。

自由平等风尚好，公正法治有依靠。

——节选自华金莲《童心唱响核心价值观》

周总理与身边的工作人员

周恩来总理的一生是那么伟大，但他的一生又是那么平凡。他从来都以群众为标准，只要群众生活得好，都快乐，他的生活就好，就快乐。他的生活从来不要求例外，只要与大家平等就行了。

周总理不知疲倦地为党和国家操劳，毫不保留地献出了毕生的精力，但他对别人为自己的哪怕是微小的劳动都非常尊重。服务员给他端菜或送东西，他不是放下手里的工作，站起身双手接过来，就是微笑地朝服务员点点头表示感谢。周总理外出视察工作，每当要离开一个地方的时候，总是亲自和服务员、警卫员、厨师和医护人员等一一握手，亲切地对大家说"辛苦了！谢谢，再见"，并和他们合影留念。更感人的是，周总理在生命弥留之际，仍不忘感谢守护在他身边的医护人员。

周恩来故居

一支铅笔卖出的尊严

一天，一位企业家看到一个衣衫褴褛的卖铅笔的小商贩，顿生怜悯之心，把一元钱丢进卖笔人的杯中就走了。刚走不远觉得不妥，又返回来从卖笔人那取出一支铅笔，很抱歉地说自己忘记拿笔了，并且说："我们都是商人，你是卖家，我是买家。"

一年后，一位穿着考究的商人在商务洽谈会上认出了这位企业家，并自我介绍说："您可能不记得我了，我也不知道您的名字，但我永远也忘不了您。您就是那位重新给我自尊的人。我原先觉得自己只是一个卖铅笔的小贩，是您告诉我，我是一个商人，现在我真的成为一个小有成就的商人了。"

亭台上书写着"平等"的牌匾

我思
我行

人人生而平等。我们虽然来自不同的家庭、不同的故乡，但我们同在一个校园，一起欢笑、一起学习、一起成长。我们在享受平等的同时，还可以通过帮助有需要的人，让人人都感受到平等的温暖。

男女平等

【议一议】

在任何地方、任何时候，任何人都是平等的。

【齐行动】

与家人或同学分享一个关于平等的小故事。

三、公正

公其心，万善出

陶侃是著名诗人陶渊明的祖辈，是东晋时期名将、大司马。陶侃做官时，曾派人送了一陶罐腌鱼给母亲。陶母把陶罐封好后交送来人，并写了一封信责备陶侃："你当个小官，就用公家的东西送人，今天送我腌鱼，明天送我鲜蟹，这样对我不但没有好处，反而使我更加忧虑不安。"

从此，陶侃牢记母训，有人送礼，一定追根究底，如果来路不正就严厉斥责，并立即退还礼物。所以说，只要把窗户打开，阳光就会照进来；出自于公心，就会做出许许多多好事。

中华贤母园

公平正义的守护神

狄仁杰（630—700 年），字怀英，并州太原（今山西太原市）人。唐朝武周时期政治家。狄仁杰一生为官，终身清廉，为民请命，剿匪除恶，惩治腐败，铲除贪官，辅助武则天建立起盛唐大业。他为人正直，疾恶如仇，把孝、忠、廉称为大义。狄仁杰作为一个封建统治阶级中杰出的政治家，每任一职，都心系民生，政绩卓著，在上承贞观之治，下启开元盛世的武则天时代，作出了卓越的贡献。

狄仁杰画像

唐高宗仪凤年间（676—679 年），狄仁杰升任大理丞，他刚正廉明，执法不阿，兢兢业业，一年中判决了大量的积压案件，涉及一万七千人，无冤诉者，一时名声大振，成为朝野推崇备至的断案如神、摘奸除恶的大法官。

为了维护封建法律制度，狄仁杰甚至敢于犯颜直谏。仪凤元年（676 年），左威卫大将军权善才、右监门卫中郎将范怀义误砍昭陵（唐太宗的陵墓）柏树，论罪应当免职，但唐高宗盛怒之下却要处死他们。狄仁杰却上奏辩护，认为二人罪不至死。唐高宗怒道："他们砍伐昭陵柏树，置我于不孝之地，必须处死。"狄仁杰直言道："汉朝时有人盗取高庙玉环，汉文帝想要灭其族。张释之当廷净谏道：'假如盗取长陵一抔土，又将如何治罪？'汉文帝因此只杀其一人。陛下的律法悬挂在宫外阙门上，罪不至死而要处死他们，如何取信于天下？现在只因误砍一棵柏树，便杀掉二位大臣，后世又将如何看待陛下？"高宗怒气稍解，免去二人的死罪。

在学校，班主任习惯按照学生的身高来编排座位。对此，有些学生和家长深感不满，认为此做法不够公平公正。

【议一议】

你认为以什么标准编排座位更能体现公平公正？

【齐行动】

请制作一份以"清廉美德·薪火永传"为主题的手抄报。

制作过程指引：

1. 准备一张 A3 卡纸。

2. 利用网络和现有书本、杂志等资料选择内容。内容可以有廉洁故事摘抄、廉洁名人故事推荐、廉洁名言摘抄、队员或家长感受书写等等。

3. 摘抄的内容要完整。

爱祖国，爱劳动，多锻炼，体魄强。

讲文明友善有礼，讲法治国富兴邦。

——节选自文火炎《共圆中国梦》

天下之程式，万事之仪表

孟子说："即使有离娄那样好的视力，公输子那样好的技巧，如果不用圆规和曲尺，也不能准确地画出方形和圆形；即使有师旷那样好的审音力，如果不根据六律，也不能校正五音；即使有尧舜的学说，如果不实施仁政，也不能治理好天下。"

所以，我们做事要遵循一定的法则，因为世间万物必须有一条基础的准绳，有所规限，方可有始有终。

孟子画像

法制先进人物任长霞

任长霞

连破积年大案，以一身正气镇住邪恶的河南"女神警"——任长霞，于 1983 年加入公安队伍，作预审工作 13 年，在郑州公安系统、市政法战线及省预审岗位练兵大比武中均夺取过第一名，协助破获了大案要案 1072 起，追捕犯罪嫌疑人 950 人。1998 年被任命为郑州市局技侦支队长后，她多次深入虎穴，化装侦察，亲自抓获了中原第一盗窃高档轿车主犯，先后打掉了 7 个涉黑团伙，抓获犯罪嫌疑人 370 多名，被誉为警界女神警。

2004 年 4 月 14 日晚 8 时 40 分，任长霞在侦破"1·30"案件中途经郑少高速公路发生车祸，因受重伤随即被送往郑州市中心医院抢救，经过 4 个小时紧急抢救，终因伤势过重，不幸因公殉职。40 岁正是人生最壮美的季节，然而，她却猝然倒在了为之奋斗不息的公安事业上。

我思
我行

开学第一天，某校举行了开学典礼暨法治安全教育第一课，向同学们介绍和剖析青少年犯罪的典型案例，增强了同学们自我保护的意识和能力。

【议一议】

青少年的守法行为就是遵守班规校纪吗？

【齐行动】

当遇到以下情况时，你会怎么做？

面对作弊行为，我会＿＿＿＿＿＿＿＿＿＿＿＿＿＿＿；

发现偷窃行为，我会＿＿＿＿＿＿＿＿＿＿＿＿＿＿＿；

看到同学受欺负，我会＿＿＿＿＿＿＿＿＿＿＿＿＿＿。

中秋节的字母饼
（音频）

个人篇

一、爱国

中国人，中国梦，中国的人民都有梦。
爱学习，爱劳动，振兴中华的任务重。
爱人民，爱国家，勤俭节约靠大家。
你我他，都有梦，汇聚一起就成中国梦！
实现梦，需行动，大家共同努力把梦圆，
把梦圆！

——选自黄晓晴《圆梦》

林则徐虎门销烟

　　虎门销烟（1839年6月）是指中国清朝政府委任钦差大臣林则徐在广东虎门集中销毁鸦片的历史事件。这次禁烟运动大大增加了中国广大民众对鸦片危害性的认识，从一定程度上遏制了鸦片在中国的泛滥，同时使很多人看清了英国向中国贩卖鸦片的本质，唤醒了中国人民的爱国意识，在民间产生了积极的影响。经过这次事件，禁烟英雄林则徐被中国人尊为民族英雄，其清廉、刚正不阿的品质也被后人广为传颂。

虎门销烟旧址

"铁军军长" 陈可钰

陈可钰（1882—1944年），字景瑗，1882年9月生于清远县石潭镇（今清远市清新区石潭镇）田心村农家。

1910—1911年，陈可钰先后参加了广州庚戌起义和辛亥革命。1922年，陈可钰在广西、韶关、广州等地粉碎了多起刺杀孙中山的阴

陈可钰将军

谋。1925年7月，广州国民政府成立，粤军第一师扩充为第四军，李济琛任军长，陈可钰任副军长，约二万人，参加第二次东征、南征和统一两广的战争，陈可钰被誉为"铁军军长"。1937年，陈可钰因病回家乡后，在田心村旁建立汝佩学校。1942年，日军入侵清城，陈可钰避居白湾，让出图书馆和住所给清远中学作校舍，还将自己在清远的一些产业收入捐给清远中学，故清远中学也曾叫"景瑗中学"。

1944年10月，一代爱国名将陈可钰将军病逝于石潭，享年62岁。葬于石潭文笔岗顶，李济琛题书："国民革命军陈可钰将军之墓"。

向秀丽，祖籍清远，生前在广州何济公制药厂工作。1958年12月13日，制药厂发生重大火灾，向秀丽不顾自身安危用身体挡住烈火，保护了国家财产和人民生命安全。她本人因伤势过重抢救无效光荣牺牲，享年26岁。2009年5月，向秀丽被评为"100位新中国成立以来感动中国人物"之一。2015年，清远向秀丽公园入选为"广东省爱国主义教育基地"。

向秀丽

【议一议】

爱国就是认真升国旗，唱国歌，向国旗敬礼。

【齐行动】

参观爱国主义教育基地，并与同学一起分享其中的爱国故事。

从小做个好公民，

爱国敬业有理想，

诚信友善八方扬，

良好习惯助成长，

神州少年好儿郎。

——节选自谢秋琼《社会主义核心价值观之歌》

敬业是一种能力

钟南山院士

钟南山被评选为第一届中国道德模范——全国敬业奉献模范。他是中共党员，中华医学会会长，广州呼吸疾病研究所所长，教授，博士生导师，中国工程院院士。2003 年，面对突如其来的 SARS 疫情，他冷静、无畏，以医者的妙手仁心挽救生命，以科学家实事求是的科学态度应对灾难。作为中国抗击非典型肺炎的领军人物，在 SARS 猖獗的非常时期，钟南山不但始终在医疗最前线救死扶伤，还积极奔赴各疫区指导开展医疗工作，倡导与国际卫生组织之间的密切合作。

忠于职守是美德

黄素银

黄素银是一位清远本土的农民工，职校毕业以后就进入中国石油化工集团公司工作，一直在加油站一线提供服务。加油员的工作环境比较艰苦，在半露天的工作环境里常年风吹日晒，她一干就是 12 年，工作认真负责，服务热情到位，一路从加油员、出纳做到了加油站站长。其间，她做了不少见义勇为的事情，例如带领员工参与大客车的灭火救火工作。2008 年 11 月，黄素银作为清远市杰出农民工的代表，被推荐到国务院并当选"全国优秀农民工"；2010 年，她被评选为广东省"三八"红旗手；2011 年，被评选为广东省"青年岗位能手"。她是清远石化系统 103 座油站、800 多名员工中出色的员工代表。黄素银，这位兢兢业业的感动石化人物，在 2015 年被评为全国劳动模范。

我思我行

　　"道德讲堂"是清远市"创文"工作中的一项重要内容。目前以"爱岗敬业当先锋，无私奉献做楷模"为主题的"道德讲堂"已在全市范围内铺开。

道德讲堂

【议一议】

　　未来的你，想从事什么职业呢？现在应该做好哪些准备？

【齐行动】

　　寻找身边敬业的榜样，为他们设计一张人物事迹宣传海报。

三、诚信

守诺言，讲诚信，
言而有信人人敬。
——节选自邓韵怡《纪律歌》

鱼坝圩的传奇

在中华民族几千年的文明史中，诚信始终作为一种"善德"为社会各阶层所推崇，是个人修身立命齐家治国的基础。

在清新区禾云镇鱼坝市场和鱼咀市场就每天都上演着一种"无人菜摊"的诚信范本：村民把扎好的蔬菜放进竹篮里，在竹篮上挂一个塑料瓶，标上价格，就可以放心地把菜摆到圩上。顾客不用问价，不用讲价，只要根据标价将零钱放入塑料瓶中，就可以自助选购蔬菜，而菜钱哪怕24小时放在那里也从未丢失过。这种自发形成的比坐公车自觉投币还直接的买卖方式在鱼坝片市场已上演了数十年。

无人菜摊

村民们用2元买卖的好习惯传承着当地的淳朴民风，彰显着村民诚信的社会正能量。

谎言开不出灿烂的花朵

有一天，一个放羊的小男孩在山上放羊的时候，觉得自己一个人很无聊，就想捉弄大家来寻个开心。于是他就冲着山下正在种地的农民们大喊："狼来啦！救命啊！"正在种地的农民们都拿着锄头镰刀往山上跑，等农民们都跑到山上左顾右盼也没有看到狼的时候，放羊小男孩就指着农民们哈哈大笑道："你们上当啦，这里根本就没有狼。"农民们很生气地下了山。

第二天，小男孩又故伎重演。农民们到了山上之后还是没有看到狼的影子，被骗了的农民们对小男孩很是生气，因为小男孩一而再地欺骗他们。

又过了几天，狼群真的来了，小男孩惊恐地大叫："狼来啦，狼来啦，救命啊！"这时候在山下种田的农民们以为小男孩又在捉弄他们，都没有理会放羊小男孩的求救，后来小男孩的许多羊都被狼群咬死了。

有很多人都通过说谎来达到自己的目的，但是，不管谎言是大还是小，都会一定程度地伤害别人。我们应当引以为戒。

劝人诚信的《木偶奇遇记》故事

一笔一画绘诚信

生活处处有诚信，一次自觉的投币，一句因没遵守约定的"对不起"，都在打造自己人生诚信的名片。

【议一议】

与同学相处的过程中，如何做一个诚信的孩子？

【齐行动】

那一次，我没有遵守承诺：

_____

_____

_____

我希望：

_____

_____

_____

爷爷教我学雷锋，好事多做记心中；

爷爷如今学雷锋，人人夸他不老松；

大家看我学雷锋，都说我像小蜜蜂。

小蜜蜂，不老松，世世代代学雷锋。

——节选自欧海桐《学雷锋》

桐城六尺巷

　　康熙年间，宰相张英世代居住在桐城，张吴两家为邻。有一年，张吴两家在建房时发生了纠纷，互不相让。因报官后迟迟没有判决，张家人见有理难争，就写信告知张英，想让宰相给家中撑腰。张英看完家书后，便提笔在家书上批诗四句："一纸书来只为墙，让他三尺又何妨，长城万里今犹在，不见当年秦始皇。"寥寥数语，寓意深长。张家接到书信后，深感愧疚，便毫不迟疑地让出了三尺地基。吴家见状，被"宰相肚里能撑船"的大度所感动，于是也效仿张家向后退让了三尺地基，便形成一条六尺宽的巷道，乡里人称之为"六尺巷"。

六尺巷

感动中国的清远老婆婆

2016 年，清新区禾云镇有一位生活清贫的老人，在听说村里要筹钱建文化室的时候，立即把积攒下来的 2 5000 元捐给村里。这位婆婆就是当地当时已 87 岁的五保户赖少珍。赖婆婆捐钱的事情传开后，其他村民纷纷捐款建设村文化室，连在外面打拼的村民也打电话回来认捐。此事被媒体报道后，村里得到了很多单位部门的关注，老人的善举造福了全村。后来，相关部门还到该村指导开展农村电商建设，为村民的农产品销售开拓平台。

赖少珍婆婆

我思我行

一句赞美，重塑他人别样人生。

中国台湾作家林清玄做记者时，曾报道过一桩很平常的盗窃案，不同之处在于他在结尾作了一句点评："以如此娴熟、细腻的手法作案，真让人惊叹，这样的人

林清玄

若做其他正事难保不成行业先驱。"那名小偷为此大受鼓舞，洗心革面，如今已成为台湾几家大型连锁食品店的总经理。确实，林清玄一次衷心的赞美，肯定了小偷的智慧，促使他演绎别样的传奇。善良的话语能带来无限希望，就像黑暗中的一丝光明！

【议一议】

我们能做哪些力所能及的事情去帮助别人？

【齐行动】

在老师或家长的指引下，参与一次公益活动。

学习笔记

后记

党的十八大以来，党中央高度重视社会主义核心价值观建设，中共中央印发了《社会主义核心价值观融入法治建设立法修法规划》《关于实施中华优秀传统文化传承发展工程的意见》等文件。为进一步推动社会主义核心价值观进教材、进课堂、进头脑，2017年10月，由清远市教育局牵头、清远市教育教学研究院组织，一批市直学校、清新区的骨干政治教师编印了清远版《践行社会主义核心价值观》中小学读本。该读本的印发，扩大了社会主义核心价值观教育的影响，对加强青少年的社会主义核心价值观培育和践行、创建全国文明城市具有重要意义。

习近平总书记在党的十九大报告中深刻阐述了社会主义核心价值观的丰富内涵和实践要求，将坚持社会主义核心价值体系作为新时代坚持和发展中国特色社会主义的基本方略之一。

为顺应新时代发展，我们根据十九大精神对读本进行了修订，创新了呈现形式，并以正式出版物的形式进行了升级，定名为《清远市中小学生践行社会主义核心价值观读本》（分为小学版、中学版两册）。在修订过程中，我们补充了党的十九大对于我国社会主义发展的新判断、新理念、新思想等内容，融合创新精神，进一步体现清远在文化建设、民族团结和经济发展等方面的巨大成就，突出了清远特色，让学生更加热爱清远，认同、热爱中华优秀传统文化。

本书由李雄飞、莫志科、徐惠、温伟标主笔，其中"国家篇"的"富强""民主"由陈红执笔，"文明""和谐"由罗伟青执笔；"社会篇"的"自由"由温伟标执笔，"平等"由黄艺执笔，"公正"由李会英执笔，"法治"由黄秀珍执笔；"个人篇"的"爱国"由汤丽嫦执笔，"敬业"由刘志坚执笔，"诚信"由邹锦花执笔，"友善"由林彩明执笔。

由于时间仓促，能力水平有限，书中肯定有不足之处，敬请各位读者不吝赐教。

编写组

2019 年 6 月